Bad Girls

Verführerinnen von Eva bis Madonna

Bad Girls

Jane Billinghurst

Aus dem Englischen von Gisela Sturm

Gerstenberg Verlag

Für Tom und die Wildcats

Bibliografische Information Der Deutschen Bibliothek
Die Deutsche Bibliothek verzeichnet diese Publikation in der Deutschen Nationalbibliografie; detaillierte bibliografische Daten sind im Internet über *http://dnb.ddb.de* abrufbar.

Aus dem Englischen von Gisela Sturm

Schutzumschlagillustration: *Lilith* von John Collier mit freundlicher Genehmigung der Atkinson Art Gallery in Southport/Lancashire, Großbritannien

Die Originalausgabe erschien 2003 unter dem Titel *Temptress* bei Greystone Books, einem Imprint von Douglas & McIntyre Ltd, Vancouver/British Columbia, Kanada.

Satz: Fotosatz Ressemann, Hochstadt
Printed in China

www.gerstenberg-verlag.de

ISBN 3-8067-2931-x

Inhalt

In *Body Heat* (1981) verkörpert Kathleen Turner eine Frau, die ihr Opfer zum Mord anstiftet und am Ende seinem Schicksal überlässt, während sie unter südlicher Sonne ihre Freiheit genießt.

Einführung

Heißblütig

Eine hochgewachsene blonde Frau in Weiß bahnt sich ihren Weg durch eine Menschenmenge. Ein Mann beobachtet sie aus dem verhüllenden Dunkel des Abendschattens heraus; er folgt ihr auf die Strandpromenade und lehnt sich neben sie an ein Geländer. Sie sehen aufs dunkle Meer hinaus. Selbst hier, so dicht am Wasser, ist es noch unerträglich schwül. Er lädt sie zu einer Erfrischung ein und kauft zwei Becher Eis mit Kirschsoße.

In dem Gespräch, das sich nun entwickelt, macht er ihr Komplimente über ihre gepflegte Erscheinung und fügt hinzu, er hingegen brauche wohl jemanden, der sich um ihn kümmere. Sie schlägt ihm vor, doch zu heiraten. Als er erwidert, dass er eigentlich schon mit einer Nacht zufrieden wäre, muss sie so lachen, dass Kirschsoße auf den Ausschnitt ihres Kleides spritzt. Eilig macht er sich auf die Suche nach einem Papiertaschentuch, da ruft sie ihm nach: »Wollen Sie's nicht ablecken?« Das bringt sein Blut in Wallung. Als er zurückkommt, ist die Frau verschwunden, doch ihr Bild hat sich für immer seinem Gedächtnis eingeprägt. Wir schreiben das Jahr 1981, und der Film trägt den Titel *Body Heat – Eine heißblütige Frau.* William Hurt verkörpert die Rolle des Ned Racine, und Kathleen Turner spielt Matty Walker. Bereits in den ersten Szenen beginnt Ned Racine sich in ein willenloses Werkzeug zu verwandeln, dessen sich Matty Walker bedienen wird, um ihre egoistischen Ziele zu erreichen. Sie wird ihn überreden, gemeinsam mit ihr ihren reichen Ehemann umzubringen, und er wird allen Ernstes glauben, dass dieser Mord seine Idee gewesen sei. Erst am Ende des Films, als er längst hinter Gittern sitzt, wird ihm bewusst, dass Matty sich aus kalter Berechnung an ihn herangemacht hat.

Was bringt Ned dazu, mit einer Kriminellen gemeinsame Sache zu machen? Die Antwort liegt auf der Hand: Er ist das Opfer einer Verführerin, deren erotische Ausstrahlung so stark ist, dass sie seine Wahrnehmungsfähigkeit trübt. Anstatt sich auf seinen gesunden Menschenverstand zu verlassen, folgt er nur noch seinen Urinstinkten, sprich: seinem Geschlechtstrieb, der ihn beim Anblick der schönen Blonden (die ebenso gut brünett oder schwarzhaarig sein könnte) überwältigt. Der Film transportiert die Botschaft, dass allein die vernunftgemäße Verarbeitung sinnlicher Erfahrungen die Welt zusammenhält. Kaum hat Ned diesen »Filter« ausgeschaltet, treibt er unaufhaltsam seinem Untergang entgegen.

Mit der Aufforderung, ihr die Kirschsoße vom Dekolletee zu lecken, weckt Matty in Ned die Hoffnung, bei ihr landen zu können. Geschickte Verführerinnen wissen, dass ein Mann bewusst oder unbewusst ständig seine Antennen ausfährt, um die Signale der umworbenen Frau aufzufangen. Je begehrenswerter die Frau, desto mehr bedeutet ihm die Eroberung, weil er sich als etwas Besonderes fühlen kann, wenn er von ihr begehrt wird.

Matty vermittelt Ned das Gefühl, der Auserwählte zu sein. Als er sie schließlich – wie von ihr geplant – in ihrem Stammlokal aufspürt, versichert sie ihm, dass die anderen Männer im Raum sogar einen Mord begehen würden, um neben ihr an der Bar zu sitzen, auch wenn sie dies natürlich niemals zuließe. Beim Sex lässt sie ihn wissen, wie scharf sie auf ihn ist und dass nur er die Fähigkeit besitzt, das Verlangen eines so begehrenswerten Wesens, wie sie es ist, zu befriedigen. Und schließlich gibt sie ihm zu verstehen, dass sie dringend seine Hilfe benötige. Sie sei schließlich nur eine Frau. Um in dieser Welt zu bestehen, braucht sie einen starken Beschützer an ihrer Seite. Welcher Mann kann solchen Streicheleinheiten für Körper und Ego schon widerstehen? Unaufhörlich fragt er sich, welchen Gewinn Matty wohl aus dieser Beziehung zieht – wahrscheinlich, so vermutet er, genügt es ihr schon, sich an seiner Gesellschaft zu erfreuen.

In dem Augenblick, in dem Ned Mattys Version der Realität akzeptiert, beginnt sein Weg in den Untergang. Er missachtet sämtliche Alarmsignale, zu denen auch Mattys unersättliche Gier nach Sex gehört. Andere Männer, die ihren Testosteronhaushalt in Mattys Gegenwart besser unter Kontrolle haben, können die Gefahr, die von ihr ausgeht, fast körperlich spüren und warnen ihn, sich mit dieser Frau einzulassen. Doch sobald Matty ihn in ihren Bann geschlagen hat, geht Neds gesunder Menschenverstand in den Wellen sexuellen Begehrens unter. Er fegt die gut gemeinten Ratschläge seiner Freunde beiseite und tappt geradewegs in die Falle. »Sie sind nicht allzu intelligent?«, fragt Matty ihn einmal. »Ich liebe das an den Männern!«

Stück um Stück enthüllt Matty ihm nun ihren teuflischen Plan, bis es für Ned kein Zurück mehr gibt. Außer ihm, ihrem Opfer, ahnt bis zum Schluss niemand, wie tief die Abgründe ihrer Verderbtheit wirklich sind. Neds Schmerz wird am Ende umso größer sein, als er als Einziger in der Lage ist zu erkennen, wie meisterhaft sie ihn hereingelegt hat.

Diese rothaarige Schönheit lebte im 4. Jahrhundert v. Chr. als Kurtisane in Athen. Weil sie an einem religiösen Feiertag nackt gebadet hatte, kam sie vor den Kadi. Als sie vor ihren Richtern ebenfalls nackt erschien, wurde sie freigesprochen – so triumphiert die Macht des Fleisches über den männlichen Geist.
GUSTAVE BOULANGER (1824–1888): *PHRYNE*, 1850

In der letzten Einstellung von *Body Heat* räkelt sich Matty an einem tropischen Strand und lässt sich von einem gut aussehenden Jungen eine Erfrischung servieren. Sie hat Zeit. Der Tag wird kommen, an dem sie erneut den Drang verspüren wird, einen Mann zu vernichten – denn eine Frau wie sie findet immer einen Mann, der ihr erliegt.

SEIT MENSCHENGEDENKEN SORGEN DIE IN ALLER REGEL MÄNNLICHEN GESCHICHTENERZÄHLER DAFÜR, dass ihre Geschichten von der Verführerin bewahrt und weitergegeben werden. Abhängig von der Epoche, in der diese erzählt werden, zeichnen sie die Frau entweder als sündiges und diabolisches oder aber als attraktives, im Grunde harmloses Geschöpf, das ihnen auf angenehme Weise die Zeit vertreibt, ohne die männliche Herrschaft in Frage zu stellen. Welches Bild der Verführerin dominiert, hängt davon ab, wie stabil das männliche Überlegenheitsgefühl ist. Fühlen sich die Männer ihrer Herrschaft sicher, bevorzugen sie den lebenslustigen, vitalen Typus der Verführerin. Fühlen sie sich geschwächt, wird die Verführerin zu einer eiskalten Mörderin, die nach Chaos und Zerstörung trachtet.

Im Laufe der Geschichte war das Kräfteverhältnis der Geschlechter zwar immer wieder Schwankungen unterworfen, doch grundsätzlich waren die Männer im Vorteil. Ehrgeizige Frauen fanden nur begrenzte Möglichkeiten, ihre Ziele zu verwirklichen. Ein Ausweg bestand darin, ins Kloster zu gehen, wo eine Frau zu Ehren kommen konnte, indem sie unsichtbar wurde. Andere zogen es vor, die Männerwelt herauszufordern, was ihnen zuweilen auch gelang. Anne Bonney z. B. kreuzte im 18. Jahrhundert als Piratin auf den Weltmeeren. Hundert Jahre später verkleidete sich die Engländerin Miranda Stuart als Mann, nannte sich James Barry und stieg in den Rang eines Ober-

Dieses Gemälde aus dem 16. Jahrhundert warnt vor den käuflichen Liebesdiensten junger Frauen. Im Eifer des Gefechts verliert der Mann jedes Maß für den Preis, den er für einen Moment der Lust bezahlen muss.
LUCAS CRANACH DER ÄLTERE (1472–1553): *DER VERLIEBTE ALTE*, O. D.

inspektors der Militärkrankenhäuser auf. Die englische Medizin war damals noch fest in Männerhand, und als nach Miranda Stuarts Tod die Wahrheit ans Licht kam, wurden die geplanten militärischen Bestattungsfeierlichkeiten prompt abgeblasen.

Und dann gab es die Frauen, die aus ihrer Not eine Tugend machten und ihr Leben auf eben jene Eigenschaften gründeten, die sie vor den Männern auszeichneten: auf ihre körperliche Schönheit, ihre Weiblichkeit. Sie wurden zu Verführerinnen, die der patriarchalen Unterdrückung die Macht ihrer weiblichen Attribute entgegensetzten und durch das geschickte Ausspielen dieser natürlichen Trümpfe ihre Situation zu verbessern suchten. Die Verführerin packt den Mann bei seinen Trieben. Alles, was sie tun muss, ist, sein Begehren zu wecken, und schon zeigt er sich bereit, Geld und Macht mit ihr zu teilen. Glaubt man den Geschichtenerzählern, kann eine gewiefte Verführerin sogar ungestraft morden.

Die Vorstellungen, die sich Männer von der Verführerin machen, schreiben den Frauen vor, wie sie vorzugehen haben, um diese Rolle zu ihrem Vorteil zu nutzen. Solange die Männer sich ihrer Vormachtstellung sicher sind, können kluge, zielstrebige Frauen durch ihre Beziehung zu hoch gestellten Männern selbst aufsteigen. Männer empfinden die Gesellschaft dieser verführerischen Frauen als angenehm, solange nicht an ihren Privilegien gerüttelt wird. Während der italienischen Renaissance und der englischen Restauration (17. Jahrhundert) konnten die Kurtisanen einflussreicher Männer als Gegenleistung für Liebesdienste und geistreiche Konversation ein Vermögen erwarten. Während die Männer unter ihresgleichen mit ihren schönen Trophäen prahlten, verschafften sich die Frauen die ökonomische Grundlage für ihren luxuriösen Lebensstil und eine einflussreiche Stellung.

Ein zeitloses Muster: Hat die Verführerin die Leidenschaft eines Mannes entfacht, setzt er darauf, dass die Macht seines Begehrens ihn ans Ziel bringen wird. FERDINAND VON REZNICEK (1868–1909): *»NICHT ZU STÜRMISCH! IHRE LEIDENSCHAFT KANN MEINETWEGEN ALLES RUINIEREN, BLOSS NICHT MEINE ROBE«, VERLIEBTE LEUTE,* 1909

Das Spiel der Ränke und Intrigen blieb auf ein erträgliches Maß beschränkt, und beide Seiten hatten ihren Spaß dabei.

Wenn die Männer das Vertrauen in die Stabilität ihrer Vorherrschaft verlieren, die Frauen aber keine Anstalten machen, das Ruder zu übernehmen, trägt das Bild der Verführerin weiter freundliche Züge, wobei sich das männliche Interesse von den (als bedrohlich empfundenen) geistigen Fähigkeiten der Frau auf ihre (stets erfreulichen) körperlichen Vorzüge verlagert. In jeder Epoche gibt es Frauen, die bereit sind, ihr Licht unter den Scheffel zu stellen und sich auf schlichten, elementaren Sex zu konzentrieren. Oder, frei nach Mae West: Wenn sie klug genug ist, sie nicht zu zeigen, kann Intelligenz einer Frau durchaus von Nutzen sein.

Eine Frau, deren Anziehungskraft nicht auf ihren intellektuellen Fähigkeiten, sondern auf rein körperlichen Vorzügen beruht, verhält sich oft kindlich-naiv, um damit ihre Bereitschaft zur Unterwerfung zu signalisieren. Meist ist ihr Blick dabei unbeirrt auf die Brieftasche des Partners gerichtet der dafür die Gewähr hat, vergnügliche Nächte ohne philosophische Wortgefechte mit ihr verbringen zu können. Als Gegenleistung für sein Geld und sonstige Aufmerksamkeiten bietet sie ihm die Wonnen des Fleisches und bestätigt ihn vor der Welt in seiner Männlichkeit.

Die kindliche Verführerin punktet hauptsächlich mit ihrer äußeren Erscheinung. Da sie mit wenigen charakteristischen Merkmalen auskommt, gibt sie die perfekte Fantasiegestalt ab. Ihr Aufwand hält sich also in Grenzen: Wenn ihre Gesichtszüge und Proportionen dem aktuellen Schönheitsstandard entsprechen, braucht sie nichts weiter zu tun, als ein paar verführerische Drehungen einzustudieren und stets etwas mehr nacktes Fleisch zu zeigen, als der Anstand es erlaubt. Das reicht aus, um alle Blicke auf sich zu ziehen.

Der harmloseste Typus der Verführerin ist das so genannte Sexkätzchen: Die Männer, die eine solche Frau sich aussucht, können sicher sein, sie zu erobern – und sie ebenso problemlos wieder loszuwerden, wenn die Flamme der Leidenschaft erloschen ist. Solche Verführerinnen sind – wie sollte es auch anders sein – vorzugsweise blond. Sie bevölkerten die Leinwand, als die Männer in den 1950er Jahren erleichtert feststellten, dass die von ihnen dominierte Gesellschaftsordnung die Wirren des Zweiten Weltkriegs nahezu unbeschadet überstanden hatte und ihre Frauen ihnen nichts weggenommen hatten (jedenfalls nichts, was von Bedeutung gewesen wäre).

Der Typus der selbstbewussten Kurtisane wie der des Sexkätzchens taucht immer dann auf, wenn die von Männern festgelegten Hierarchien reibungslos funktionieren. Ist das System jedoch angeschlagen oder neigt es zu Störungen, müssen die Männer befürchten, dass es zu Totalausfällen kommen könnte, z. B. durch die Forderungen von Feministinnen oder sonstige subversive Elemente. Sobald sich die ersten Gewitterwolken am Himmel zusammenziehen, werfen sie ihre Schatten auch auf das bislang so harmlos-heitere Bild der Verführerin.

Das männliche Prinzip wurde schon immer gern mit Logik und Ordnung, das weibliche hingegen mit Gefühl und Chaos gleichgesetzt. Männer kontrollieren die Natur, Frauen verbünden sich mit ihr. Jedes Mal, wenn es in den Fugen der Zivilisation zu knirschen beginnt, erinnern männliche Geschichtenerzähler an diese Verbindung der weiblichen Urnatur mit dem Chaos und ergehen sich in düsteren Geschichten über das, was passieren kann, wenn sich ein Mann durch eine Frau vom Pfad der Tugend abbringen lässt.

Der entsprechende Typus der Verführerin wird verkörpert durch die Femme fatale, die den Film noir der 1940er Jahre prägte. Die Femme fatale sucht sich ein Opfer und missbraucht es für ihre Zwecke. Femme-fatale-Geschichten funktionieren wie ein Frühwarnsystem: Gefahr ist im Verzug, aber wenn die Männer zusammenhalten, dürfte alles unter Kontrolle bleiben. Zum Beweis muss die eigenwillige Lady – zusammen mit dem armen Tropf, der ihr verfällt – am Ende des Films natürlich unbedingt ihrer gerechten Strafe zugeführt werden.

Solange die Frauen nicht solidarisch und aktiv für ihre Rechte kämpfen, geben sich die Erzähler damit zufrieden, die Verführerin am Ende scheitern zu lassen. Gelegentlich gerät das Blut der Männer jedoch durch das Zusammentreffen weltpolitischer Ereignisse mit feministischen Aktivitäten und Errungenschaften in Wallung. In ihrer Angst vor der »Weibermacht« vermischen die Männer die negativen Bilder, die sie von Frauen haben: Durch Projektion werden aus den Frauen, die für ihre Rechte kämpfen, gefährliche Wesen, die sie mit ihrer schier unersättlichen sexuellen Begierde bedrohen.

Im Unterschied zur Femme fatale, die ihre Ziele noch innerhalb des männlich definierten Gesellschaftssystems verfolgt, wird die Verführerin in Zeiten, in denen die Männer sich bedroht und verfolgt wähnen, zu einem alles verschlingenden schwarzen Krater, zu einer Frau, die darauf aus ist, dem Mann all seine Lebenssäfte auszusaugen, bis nichts als eine blutleere Hülle von ihm übrig ist. Sind die Männer erst einmal geschwächt, werden die Frauen die Gelegenheit zur Machtergreifung nutzen. Schon bei dem bloßen Gedanken an die vermuteten Konsequenzen stellen sich den Männern die Nackenhaare auf, und aus den Tiefen ihres kollektiven Unbewussten steigen die Urbilder schöner, blutrünstiger Vampirinnen und Killerinnen empor.

In dem Maße, wie Frauen Einfluss auf die sozialen und politischen Entwicklungen gewannen, wurde das Geschlechterverhältnis ausgeglichener – was sich auch auf das Bild der Verführerin auswirkte. Im 20. Jahrhundert begannen Frauen wie Mae West und Madonna, ihre eigenen Vorstellungen von der Verführerin durch das männliche Bewusstsein spazieren zu lassen. Diejenigen Männer, die erkannten, dass die politischen und sozialen Errungenschaften der Frauen nicht notwendig auf ihre Kosten gehen mussten, ja dass sogar ein Lustgewinn winkte, wenn sie sich ihrerseits den Frauen als Objekte der Begierde anboten, lehnten sich entspannt zurück. Weibliche Schönheit und Intelligenz flossen fortan nicht mehr im Bild der Psychopathin oder der Femme fatale zusammen, sondern wurden zu Bestandteilen einer spannenden und aufregenden Sexualität, die beide Partner befriedigt.

So kühl und beherrscht eine Frau auch wirken mag – hinter dieser Fassade, so hoffen die Männer jedenfalls, schwelt stets ein Feuer, das es nur zu entfachen gilt. Bei einer Verführerin brodelt die Leidenschaft so dicht unter der Oberfläche, dass jeder Mann in ihrer Nähe die Hitze spüren kann, die von ihr ausgeht.
ROWENA: *ON THE SURFACE*, UM 1990

ALLE GESCHICHTEN VON DER VERFÜHRERIN knüpfen an ein literarisches Erbe an, an Urgeschichten, die den höheren sozialen Status des Mannes rechtfertigen sollten. Im Spiegel der Geschichte erscheint die Entwicklung der Menschheit als eine Abfolge männlicher Herrschaftssysteme. Archäologische Funde aus der Bronzezeit dokumentieren jedoch eine Gesellschaft, in der beide Geschlechter gleichgestellt waren und Frauen wegen ihrer bedeutsamen Rolle in der Fortpflanzung verehrt wurden. Auch wenn sich die Wissenschaftler nicht einig sind, aus welchen Gründen sich die Machtverhältnisse zugunsten des Mannes verschoben haben, so gilt es doch als sicher, dass die Männer fortan versuchten, ihre Vorherrschaft durch Mythen zu legitimieren. Diese Geschichten wurden von Generation zu Generation überliefert und gingen in die Schriften des Alten Testaments ebenso ein wie in die griechische Mythologie.

Die Verführerin ist ein männliches Konstrukt, das sich aus realen und fiktiven Elementen zusammensetzt, ein Gebilde, das Frauen für ihre Zwecke einzusetzen wussten. Doch gleichgültig, ob gerade die harmlos-freundlichen oder die bedrohlich-dunklen Töne in ihrem Bild überwiegen – die Verführerin bleibt immer eine Versuchung für den Mann. Dieses Buch beschreibt ihre vielen Facetten. Es zeigt, wie Frauen aller Epochen sich die Männerfantasien zunutze zu machen verstanden und wie sie das ursprünglich männliche Bild der Verführerin schließlich mit ihren eigenen Fantasien besetzten. Die Bilder der Verführerin können einem Mann feuchte Träume bescheren oder kalten Schweiß auf die Stirn treiben; die Verführerin kann eine Fantasie sein, die Männer auf Frauen projizieren, oder aber ein Abenteuer geteilten Begehrens. Dieses Buch folgt ihrem Funken sprühenden Bild durch die Geschichte des Begehrens und der Geschlechterpolitik.

In der sumerischen Mythologie kommt Lilith als Nachtdämonin vor. Die ausführlichste Darstellung des Lilith-Mythos findet sich in einem jüdischen Text aus dem 11. Jahrhundert, dem *Alphabet des Ben Sira*. JOHN COLLIER (1850–1934): *LILITH*, 1887

Kapitel 1

Urbilder

Lilith

Auf einem Gemälde des britischen Künstlers John Collier von 1887 liebkost eine junge Frau mit langen, rotblonden Haaren eine Schlange, die ihre Fesseln umschlingt, sich um ihre Hüften und den nackten, seidig schimmernden Rumpf windet und ihr den Kopf von hinten über die Schulter schiebt. Oberhalb der Brust hält sie züngelnd inne. Die Frau schmiegt ihre Wange hingebungsvoll an den keilförmigen Schlangenkopf. Traumverloren scheint Lilith die körperliche Vertrautheit mit dem geschmeidigen Reptil zu genießen; ihre Liebkosungen wirken beiläufig, fast unbewusst. Die intime Berührung des schweren, schuppigen Schlangenkörpers scheint sie zu erregen. Die riesige Schlange strahlt nichts Bedrohliches aus, ihr muskulöser Körper folgt den weiblichen Rundungen. John Collier ist es gelungen, Lilith und die Schlange, das phallische Symbol des Teufels, in einer perfekten Balance zu halten.

Die selbstbewusste Sexualität der geheimnisvollen Lilith, Adams erster Frau, war ein bevorzugtes Thema männlicher Künstler im viktorianischen

England. Dem jüdischen Volksglauben zufolge wird Lilith Adam als gleichberechtigte Partnerin zur Seite gestellt. Sie ist nicht bereit, sich von Adam die Missionarsstellung aufzwingen zu lassen. Schließlich hat der Schöpfer sie beide aus demselben Erdklumpen erschaffen, also pocht sie auf ihr Mitbestimmungsrecht, was ihr zukünftiges Liebesleben betrifft. Sie hat die Absicht, diese neue, ungeahnte Genüsse versprechende Körperlichkeit mit allen Sinnen zu erforschen.

Adam hingegen gibt sich prüde. Die Vorstellung, eine gemeinsame sexuelle Sprache zu entwickeln und den körperlichen Impulsen und Signalen seiner Gefährtin zu folgen, befremdet ihn. Er weiß noch zu wenig über seine eigenen sexuellen Bedürfnisse, um sich Lilith hingeben zu können. Er hört nicht auf sie, sondern zwingt sie Nacht für Nacht, unter ihm zu liegen, während Lilith ihre Gedanken weit hinaus in die Nacht schweifen lässt, hinaus zu den Geschöpfen, die im Unterholz rascheln, hinaus in eine Welt ohne Adam.

Eines Tages hält Lilith es nicht mehr aus. Obwohl ihr die Welt jenseits von Eden völlig fremd ist, spricht sie dem *Alphabet des Ben Sira* zufolge »den unaussprechlichen Gottesnamen aus« und fliegt durch die Tore des Paradieses hinaus in die weite Welt, um fernab von ihrem langweiligen Ehemann ein neues Dasein zu führen.

Von da an soll ihr Leben eine einzige Orgie gewesen sein. Sie begibt sich zum Roten Meer, wo sie mit allerlei scheußlichen Dämonen in allen möglichen Stellungen den Beischlaf vollzieht und zahlreiche Teufelchen in die Welt setzt. Als Adam sich bei Gott über seine treulose Frau beschwert, entsendet der Herr drei Engel, die Lilith zur Rückkehr bewegen sollen. Aber sie weigert sich, hat sie doch endlich eine Möglichkeit gefunden, ihre Sexualität frei auszuleben.

Doch das Band zwischen Lilith und ihrem prüden Exmann ist nicht völlig durchtrennt. Als Adam aus dem Paradies vertrieben und zum sterblichen Stammvater der Menschen wird, kriecht Lilith nachts durch offene Fenster in die Häuser der Menschen und erwürgt neugeborene Kinder im Schlaf. Wenn die nichts ahnenden Eltern morgens ins Zimmer kommen, finden sie anstelle ihres kerngesunden Babys ein totes Kind vor. Die drei Engel reagieren mit Entsetzen auf Liliths grausame Rache an Adams Nachkommen. Sie können Lilith nicht zur Rückkehr bewegen, treffen jedoch eine Abmachung mit ihr: Sie muss schwören, keinem männlichen Säugling, der älter als acht Tage, und keinem weiblichen Säugling, der älter als zwanzig Tage ist, etwas zuleide zu tun. Außerdem nehmen sie Lilith das Versprechen ab, alle Kinder zu verschonen, die ein Amulett mit den Namen der drei Engel tragen.

Lilith rächt sich aber noch auf andere Weise dafür, dass der Mann ihr die Lust genommen hat. Sie vergreift sich an Männern, die allein schlafen. Ein leichter Hautkontakt oder das Gefühl, das die Bettwäsche auf der bloßen Haut hervorruft, genügt schon, um einen Mann im Schlaf zu erregen. Der »feuchte Traum« ist Liliths Vermächtnis an Adams Söhne. Am nächsten Morgen erinnert nur noch ein klebriger Fleck an den nächtlichen Samenerguss – und eine tiefe Sehnsucht nach den Wonnen, die Lilith ihnen im Traum versprach.

In der männlichen Vorstellungswelt symbolisiert Lilith die verlorene oder nicht ausgelebte Sexualität. Sie ist eine Frau, die keine Angst hat, die Führung zu übernehmen, und sinnliche Freuden kennt, die weit über Adams Horizont gehen. Was würde geschehen, wenn ein Mann sich dem Zauber einer solchen Frau hingäbe? Die Antwort auf diese Frage steht noch aus.

Aristoteles und Phyllis

Im 13. Jahrhundert kursierte eine Legende über Aristoteles und die die Peitsche schwingende Phyllis. In dieser Erzählung des normannischen Dichters Henri d'Andeli rät der schon bejahrte Aristoteles seinem jungen Herrn Alexander dem Großen, seine Leidenschaft für die Hetäre Phyllis zu zügeln und sich stattdessen auf seine militärischen Aufgaben zu konzentrieren.

Erbost sinnt Phyllis auf Rache – und zeigt sich fortan in verschiedenen Stadien der Nacktheit mit langem, wallendem Haar auf den Gängen des Palastes, sobald Aristoteles um die Ecke biegt. Sie verfolgt ihn bis unter die Fenster seines Kabinetts, das auf den Palastgarten hinausgeht. Umgeben von betörenden Düften und prächtigen Farben, lustwandelt sie dort in hauchdünnen Gewändern und lockt ihn mit lieblichen Gesängen.

Der Anblick ihrer nackten Haut verfehlt seine Wirkung nicht, und schließlich bittet der greise Aristoteles Phyllis, sein Verlangen zu stillen. Unter der Bedingung, dass er auf allen vieren zu ihr in den Garten kriecht und sie auf ihm reiten darf, willigt sie ein. Der inzwischen völlig verzückte Aristoteles tut wie ihm geheißen. Phyllis legt ihm Zaumzeug an, steigt auf seinen Rücken und bricht in ein wildes Triumphgeschrei aus, das Alexander ans Fenster lockt.

Der zornige König wirft seinem Lehrer vor, er habe ihn nur deshalb von Phyllis fern gehalten, um sich selbst mit ihr zu vergnügen. Aristoteles wiederum war zwar offenbar dem Zauber einer Phyllis nicht gewachsen, aber doch immer noch gewitzt genug, um seinen Kopf aus der Schlinge zu ziehen: Wenn selbst er, ein alter Mann, sich von Phyllis habe an der Nase herumführen lassen, sei es dann nicht für einen so jungen König wie Alexander umso wichtiger, die Hände von ihr zu lassen und sich auf seine Regierungsaufgaben zu konzentrieren?

Eva

Für Papst Julius II. schuf Michelangelo in der Sixtinischen Kapelle das Deckenfresko *Ursünde und Vertreibung* (1509/10). In der Mitte steht der Baum der Erkenntnis mit der Schlange, zu seiner Linken sieht man Adam und Eva im Garten Eden, rechts ist ihre Vertreibung aus dem Paradies dargestellt. Im Paradies streckt Adam die Hand nach dem Apfel aus; er hat die Beine gespreizt, um einen besseren Stand zu haben, und Eva liegt vor ihm, den Kopf auf Höhe seiner Hüften. Damit wird dem Betrachter suggeriert, dass Liliths Nachfolgerin ihrem Adam vor dem Sündenfall nicht nur die Erkenntnis, sondern auch neue sinnliche Erfahrungen versprochen hat.

Als die listige Schlange auf die Idee kam, die Menschen in Versuchung zu führen, war ihr bewusst, dass der rechtschaffene, vernünftige Adam niemals bereit sein würde, sein paradiesisches Leben und sein gutes Verhältnis zu seinem Gott aufs Spiel zu setzen. Eva aber war anders: spontaner, neugieriger, eigenwilliger. Außerdem war ihre Beziehung zu Adam jenseits der Vernunft auf einer Ebene angesiedelt, die mit seinen Urinstinkten in Verbindung stand.

Selbst in dem betörenden Blütenduft des Paradieses konnte Adam seine Frau an ihrem Geruch erkennen. Wenn sie sich ihm von hinten näherte, stellten sich unter ihrem Atem seine Nackenhaare auf. Erblickte er sie von weitem, wenn sie Blumen pflückte oder unter den Bäumen im Garten umherwandelte, fiel ihm die weiche Rundung ihrer Hüften auf. Dies gedachte die Schlange sich zunutze zu machen. Sie erzählte Eva nicht nur von dem Apfel, sondern weihte sie auch in die Wonnen des Fleisches ein und zeigte ihr, wie sie ihr neues Wissen an ihrem Mann erproben konnte.

Eva lockte, und Adam kam. Seit dem Tag, an dem Adam ihrem Charme erlag, ist Evas Name gleichbedeutend mit der Sünde. »Und du wolltest nicht

wissen, dass du eine Eva bist?«, schleudert der Kirchenschriftsteller Tertullian im 2. Jahrhundert den zügellosen Frauen entgegen. Sie spreizen die Beine, und der Mann ist verloren. »Du bist es, die dem Teufel Eingang verschafft hat«, wettert er weiter. »Du bist es auch, die denjenigen betört hat, dem der Teufel nicht zu nahen vermochte.« Einige frühchristliche Gemeinden blasen in dasselbe Horn: »Der Fürst der Finsternis und seine lüsternen Gesellen schufen Eva nach ihrem Bilde, um Adam in Versuchung zu führen.«

Die frommen Kirchenmänner konnten sich in ihrer Annahme, das Leid der Männer sei auf die Sündhaftigkeit der Weiber zurückzuführen, durch einige Bibelstellen bestätigt fühlen. Im siebten Kapitel der Sprüche Salomos

werden die Männer vor den Huren gewarnt, die ihnen auf der Straße auflauern, sie auf ihre bunt geschmückten Lager locken und mit aphrodisischen Düften berauschen. Auf seidene Kissen gebettet, bieten sie ihre Liebesdienste an. In Jesaja 3, 16–18 werden die Männer vor den Töchtern Zions gewarnt, die »stolz sind und gehen mit aufgerecktem Halse, mit lüsternen Augen, trippeln daher und tänzeln und haben kostbare Schuhe an ihren Füßen«. Um den Mann vor dem Untergang zu bewahren, wird der Herr den Töchtern Zions all ihren Schmuck und ihre Kleider wegnehmen, die ihnen als Werkzeuge der Unzucht dienen. Aber auch ohne diese Waffen ist die Frau eine Gefahr. Bei den frühen Christen wurde den Männern deshalb

Vorhergehende Doppelseite: Adams Schicksal ist ein warnendes Beispiel für jeden Mann, der unbedacht seinen Trieben folgt. Er muss sich vor der Verführerin in Acht nehmen, die ihn verleiten will, sich über die Warnungen hinwegzusetzen. Ein unbedachter Moment, und er wird für immer aus dem Paradies vertrieben. MICHELANGELO BUONARROTI (1475–1564): *URSÜNDE UND VERTREIBUNG*, UM 1510

Rechts: Die Figur der Eva hat bis heute nichts von ihrem schillernden Glanz verloren, auch wenn ihre Erscheinung im Laufe der Jahrhunderte jeweils zeitgemäße Korrekturen erfuhr. Diese moderne Eva von Greg Hildebrandt zierte die Titelseite der Winterausgabe 1987 der Zeitschrift *Heavy Metal*. GREG HILDEBRANDT (GEB. 1939): *SERPENT'S GLEN*, 1982

geraten, ihre Hand stets mit dem Stoff ihres Gewandes zu umwickeln, bevor sie eine Frau berührten.

In der Zeit, bevor die Israeliten den Monotheismus einführten, wurden in Kanaan Göttinnen verehrt, die mit der unbefleckten Jungfrau und Mutter Jesu Christi nicht die geringste Ähnlichkeit hatten. In jener Zeit, als die menschliche Fruchtbarkeit noch für ein göttliches Mysterium gehalten wurde und die Natur mit Opfergaben milde gestimmt werden musste, waren sie mit allen Attributen der Geschlechtlichkeit ausgestattet. Später, als die Menschen glaubten, eine einzige männliche Gottheit habe die Welt allein durch die Macht seines Wortes erschaffen, sank der Status der Frau. Dennoch führt das Leitmotiv der Sexualität von den Göttinnen aus vorbiblischer Zeit bis zu Evas Töchtern.

Die Macht der weiblichen Sexualität irritierte die Schriftgelehrten und die frühen Kirchenväter gleichermaßen. Sie erzeugt im männlichen Körper, der im Ozean der Begierden seinem eigenen Kurs folgt, unkontrollierbare Gelüste und unerwünschte Erektionen. Auf dem Höhepunkt der Erregung treibt er wie ein führerloses Schiff in der tosenden Brandung, die ihn in die Tiefe reißt. Das ist der ebenso ersehnte wie gefürchtete Moment der totalen Hingabe, in dem der Körper eines Mannes sich auf eine Reise begibt, die so fantastisch ist, dass sie seine Vorstellungskraft übersteigt und ihn ohne Kompass und Karte den Tücken eines unbekannten Ozeans ausliefert. Ausgerechnet er, der Hüter der Ordnung, soll sich dem absoluten Chaos aussetzen?

In seiner Vorstellung ist es Eva, die über das Chaos herrscht. Sie ist das Tor zu dieser Welt. Viele Gemälde zeigen sie in einer paradiesischen Pflanzenwelt abseits der Zivilisation. In den dunklen Tropenlandschaften des französischen Malers Henri Rousseau (1844–1910) wie auf der rechts

GREG HILDEBRANDT

wiedergegebenen Titelseite der Fantasy-Zeitschrift *Heavy Metal* erscheint sie nackt im Zwiegespräch mit der Schlange. Das undurchdringliche, verschlungene Dickicht tropischer Naturparadiese ist Evas Reich. Sie kann heute noch einen Mann durch die betörende Welt der Sinne führen – das jedenfalls wünscht er sich mit aller Leidenschaft.

DIE ERSTEN RABBINISCHEN UND FRÜHCHRISTLICHEN TEXTE haben durch die Behauptung, das Weib trüge die Saat des Chaos in ihrem Körper, die Rechtfertigung für die Unterdrückung der Frauen geliefert. Die frommen Männer

Der heilige Hilarion lebte wie sein Zeitgenosse, der heilige Antonius, als Einsiedler und kasteite sich. Immer wieder hatten die beiden Heiligen quälende Visionen von lüsternen Frauen. DOMINIQUE LOUIS PAPETY (1815–1849): *VERSUCHUNG DES HL. HILARION*, 1843/44

lebten in sexueller Abstinenz und versuchten ihren Kopf von sündigen Gedanken freizuhalten. Doch das war gar nicht so einfach. Um ihre Triebe unter Kontrolle zu halten, fasteten sie, bis sie kaum noch Kraft zum Leben, geschweige denn zum Lieben hatten. Oder sie suchten Zuflucht in der Wüste, wo sie vor Frauen sicher waren. Einige geißelten sich bis aufs Blut in der Hoffnung, ihre Begierden durch den körperlichen Schmerz zu betäuben. Generell wurde den Männern geraten, Frauen zu meiden und sie sich möglichst ganz aus dem Kopf zu schlagen. Die heilige Alexandra ließ sich bei lebendigem Leibe begraben, weil ihr ein junger Mann nachstellte, den sie nicht in Versuchung führen wollte. Der Säulenheilige Simeon der Stylit hauste auf einer zwanzig Meter hohen Säule und ließ deren unmittelbare Umgebung zur frauenfreien Zone erklären, damit keine Frau seine Atemluft verunreinigen konnte.

Trotz alledem oder gerade deshalb trieben die sexuellen Fantasien der Heiligen Blüten. Sankt Hieronymus schreibt in seinen Erinnerungen, während seiner religiösen Andachten hätten oft Darstellungen unleugbar irdischer Verführerinnen seinen Geist gepeinigt. Der heilige Antonius, der im 4. Jahrhundert den ersten Mönchsorden gründete, flüchtete sich in ein Erdloch in der ägyptischen Wüste, um den Versuchungen des Teufels zu widerstehen.

Um gewappnet zu sein, wenn sie ihre Fantasien in die Tat umsetzten, stellten die Männer im Laufe der Geschichte zahlreiche detaillierte Gesetze und Verhaltensregeln auf; aber diese Fassade kann nicht darüber hinwegtäuschen, dass es dahinter heftig brodelt. Die Verführerin weiß, wie dünn die Tünche der Zivilisation in Wirklichkeit ist, und nutzt das Magma der Leidenschaft für ihre Zwecke, ehe es abkühlt. Männer scheinen von Natur aus auf Sex gepolt zu sein – genau das ist die Chance der Verführerin.

BORIS ©90

In der griechischen Mythologie ist Pandora die erste Frau. Hätte Epimetheus seine fünf Sinne beisammengehabt, hätte er sich nicht von ihrer Schönheit blenden lassen und sie zu den Göttern zurückgeschickt, statt ihr in seinem Bett Platz zu machen. BORIS VALLEJO: *PANDORA*, 1990

Kapitel 2

Mythen und Sagen

Während die Legenden der ersten Rabbiner und der frühen Kirchenväter den Mann vor dem verderblichen Einfluss des Weibes warnen, geht es in den Sagen des klassischen Altertums eher um die Frage, wie ein Mann seinen Geschlechtstrieb allen Gefahren zum Trotz unbeschadet befriedigen kann. Dabei waren sich die Griechen sehr wohl bewusst, dass sie sich auf gefährlichem Terrain bewegten, denn auch sie hatten ihre Eva. Ihr Name war Pandora.

Pandora

1920 ließ sich der expressionistische Maler Paul Klee vom Mythos der Pandora zu einem Stillleben inspirieren: Auf einem Tisch steht – wie in vielen anderen Stillleben auch – eine gläserne Vase. Doch hier hat die Vase zwei schamlippenähnliche Henkel, und in ihr befindet sich eine Vagina, aus deren Öffnung üble Dämpfe aufsteigen und sich über einige Blütenköpfe hinweg im Raum verteilen. Pandoras Büchse zu öffnen bedeutet, alle nur denkbaren Plagen auf die Menschheit loszulassen. Ein Mann, der in Pandoras Territorium eindringt, muss sehr behutsam vorgehen, will er nicht wie so viele andere Männer vor ihm – etwa Adam oder Epimetheus, Pandoras Gatte – unwiderruflich Unheil über die Welt bringen.

Alles begann mit einer Fehde zwischen dem Titanen Prometheus und dem Göttervater Zeus. Prometheus hatte Zeus bei der Aufteilung eines Opfertieres getäuscht, sodass dieser statt der erwarteten Fleischstücke nur die Knochen erhielt. Zeus beschloss, den Menschen zur Strafe dafür das Feuer vorzuenthalten. Aber Prometheus, dem die Menschen wichtige kulturelle Errungenschaften verdanken – er schenkte ihnen auch das Schmiedehandwerk, die Mathematik, die Schrift und die Architektur –, erklomm den Gipfel des Olymp, wo er eine Fackel an der Sonne entzündete und damit das Feuer auf die Erde brachte. Als Zeus von diesem dreisten Raub erfuhr, geriet er noch mehr in Harnisch.

Aus Rache befahl Zeus dem Feuergott Hephaistos, aus einem Lehmklumpen eine bildschöne junge Frau zu erschaffen, die der spitzbübische Götterbote Hermes mit der Fähigkeit zu List und Verrat ausstatten sollte. Als Pandora vollendet war, wurde sie von den Göttinnen prächtig herausgeputzt und von Zeus als Geschenk an Epimetheus, den sterblichen Bruder des Prometheus, gesandt. Als Epimetheus die junge Frau erblickte, war er von ihrer Schönheit so geblendet, dass er den brüderlichen Rat, niemals Geschenke von Zeus anzunehmen, auf der Stelle vergaß.

Doch Pandora war nicht die einzige Gabe, die Epimetheus unvorsichtigerweise entgegennahm. Zeus hatte noch ein Gefäß mitgeschickt (aus dem später eine »Büchse« wurde) und ihn gleichzeitig davor gewarnt, es zu öffnen. Epimetheus stellte das Gefäß denn auch gehorsam beiseite, ohne zu ahnen, dass es von Zeus, der sicher sein konnte, dass Epimetheus dem Zauber der Pandora erliegen und sie zur Frau nehmen würde, als Mitgift gedacht war. Tatsächlich war der arme sterbliche Epimetheus so erpicht darauf, die von den Göttern geschaffene Schönheit zu besitzen, dass er gar nicht bemerkte, was er sich da ins Haus geholt hatte.

Der griechische Dichter Hesiod berichtet, die Menschen hätten vor dem Erscheinen der Pandora ein glückliches, sorgenfreies Leben auf Erden geführt. Hätte Epimetheus sich nicht von ihrer Schönheit blenden lassen, wäre Pandora wohl umgehend an den Absender zurückgegangen und die Büchse fest verschlossen geblieben. Doch es sollte anders kommen.

So wie Adam einst mit dem göttlichen Gebot, niemals vom Baum der Erkenntnis zu essen, recht gut gelebt hatte, hätte auch Epimetheus von sich aus nie daran gedacht, die Büchse zu öffnen. Aber wie Eva verzehrte sich Pandora vor Neugier. Was wohl darin sein mochte? Und wie Eva, die schließlich in den Apfel biss, hob Pandora den Deckel und riskierte einen Blick ins Innere. Und schon nahm das Verhängnis seinen Lauf, denn aus dem Gefäß entwichen alle Übel, die der Menschheit bis dahin erspart geblieben waren: Alter, Krankheiten, Irrsinn, Laster und Leidenschaften. Als Pandora merkte, was sie angerichtet hatte, legte sie eilig den Deckel wieder auf, sodass wenigstens die Hoffnung auf dem Boden des Gefäßes zurückblieb. Seit diesem Tag müssen die Menschen leiden – einer einzigen unbedachten Tat einer Frau wegen.

Für die Griechen war die Geschichte damit allerdings noch nicht zu Ende. Es musste doch eine Möglichkeit geben, dass ein Mann unbeschadet in den Genuss all dessen kam, was Pandora versprach! Bald rankten sich die verschiedensten Sagen um unerschrockene Helden, die Verführerinnen wie sie zu überlisten vermochten. Während den meisten Männern bereits betörende Blicke zum Verhängnis wurden, vermochten einige Auserwählte,

Dem Freudanhänger Sándor Ferenczi zufolge soll das fischige Aroma der weiblichen Genitalflüssigkeit (er fühlte sich an gepökelten Hering erinnert) Männer wieder mit den Urkräften des Lebens verbinden – eben jenen Kräften, die sie als bedrohlich empfinden.
ARTHUR RACKHAM (1867–1939):
THE SHIPWRECKED MAN AND THE SEA, 1919

wahrhaft große, mutige Helden, über die Verführerin zu triumphieren; und das nährte die Hoffnung aller Männer, eines Tages ebenfalls ihre Triebe gefahrlos ausleben zu können.

Die Sirenen

Für eine Ausgabe der *Äsopischen Fabeln* von 1912 zeichnete der britische Illustrator Arthur Rackham eine Riesin, die im Meer zu knien scheint. Von ihrer Brust und ihren seitwärts ausgestreckten Armen fließt das Wasser in breiten, durchsichtigen Bändern nach unten. Sie hat den Blick auf einen winzigen Schiffbrüchigen im Bildvordergrund gerichtet, während sich hinter ihr die Umrisse eines gekenterten Schiffs abzeichnen. Ginge der Seemann in diesem Moment ins Wasser, würde ihn der gewaltige Sog in die Tiefe zu seinen Gefährten und zu dem Schiff ziehen, das die Strömung in Stücke reißen wird.

Die griechische Mythologie verlieh ihren Meeresungeheuern oft weibliche Gestalt. Charybdis lauerte im Mittelmeer den Schiffen auf und riss sie in ihren tödlichen Strudel. Die gefräßige sechsköpfige Skylla hingegen schnappte sich die Männer direkt von den vorbeifahrenden Schiffen. Und dann waren da noch die Sirenen, die mit ihren süßen Gesängen die Schiffer betörten, sodass diese die Orientierung verloren und unweigerlich ertranken. Der einzige Held der griechischen Sage, dem es gelang, den Sirenen zu entrinnen, war Odysseus.

Diese Heldentat vollbrachte er mit dem Beistand der Zauberin Circe, einer Verführerin, die einen Mann allein mit der Kraft ihres Blickes um den Verstand bringen konnte. Auf einem Gemälde des britischen Künstlers Arthur Hacker von 1893 sitzt Circe vor Odysseus' Gefährten, die Arme

erhoben, wie um ihre wundervollen Brüste zu präsentieren. Die Männer kriechen auf sie zu, um sie von nahem zu betrachten, ohne zu merken, dass sie sich dabei in grunzende, zottelige Schweine verwandeln.

Circe lässt dieser Akt der Verwandlung völlig kalt. Ebenfalls 1893 schuf der Bildhauer Edgar Bertram Mackennal eine Circe aus Bronze, die in aller Ruhe ihren Zauber ausübt, während sich die Männer völlig verzückt vor ihrem Podest am Boden wälzen. Der Belgier Félicien Rops (1833–1898) spann diese Fantasie noch weiter: Eine schwarz bestrumpfte Domina führt als Sinnbild des dressierten, öffentlich gedemütigten Mannes ein Schwein an der Leine.

Ob gewinnend und bezaubernd, gebieterisch und überlegen oder kühldominant – Circe ist ein Sinnbild des Triumphes der weiblichen Sexualität. Kaum ein Mann kann diesem Angriff ungezügelter Wollust widerstehen, und in der griechischen Mythologie ist wieder Odysseus der Einzige, der sich nicht von der Aura Circes blenden lässt. Der Sage zufolge trat Odysseus nach dem Fall Trojas zusammen mit seinen Männern die Heimfahrt nach Ithaka an, das er erst nach zehnjähriger Irrfahrt erreichen sollte. Unterwegs fand er mit seinen Gefährten Zuflucht auf der Insel Aiaia, wo Circe lebte. Ihr Haus war umlagert von wilden Tieren, die einmal Männer gewesen waren. Circe selbst saß singend am Webstuhl. Als sie die Fremden vor ihrer Tür entdeckte, brachte sie ihnen köstliche Speisen und mit Zauberkräutern

Die männliche Fantasie treibt zuweilen seltsame Blüten. Circe, mit Strumpfband und Schleife, führt ihren zum Schwein mutierten Mann an der Leine. Auf diesem Gemälde ist es jedoch kein wilder, zottiger Eber mehr, sondern ein zahmes rosa Hausschwein. FÉLICIEN ROPS (1833–1898): *PORNOKRATES*, 1878

versetzte Getränke. Während die Fremden sich daran labten und an Circes Anblick weideten, verwandelten sie sich in Schweine.

Um seine Männer von dem Zauber zu erlösen, holte sich Odysseus Rat bei Hermes, der ihm ein Gegenmittel und ein paar nützliche Ratschläge mit auf den Weg gab: Schwinge Circe ihren Zauberstab, solle er sein Schwert ziehen, sprich: ihr mehr sexuelle Lust versprechen, als sie selbst zu gewähren bereit sei, und sie würde sich augenblicklich ergeben. So könne er die Verführerin mit ihren eigenen Waffen schlagen, denn im Verführungsspiel gewinne stets derjenige, der den anderen stärker errege. Hermes warnte ihn, Circe werde sicher eine List anwenden, wenn Odysseus erst nackt vor ihr stünde (in diesem Zustand kann selbst ein Held die Kontrolle verlieren), also müsse er ihr zuvor das Versprechen abnehmen, keinen Vorteil aus seiner Schwäche zu ziehen. Odysseus tat wie ihm geheißen. Die liebessatte Circe nahm den Zauber von seinen Männern und erteilte Odysseus, bevor sie ihn ziehen ließ, genaue Instruktionen für die sichere Heimkehr nach Ithaka.

So verriet sie ihm, wie er sich dem gefährlichen Liebreiz der Sirenen würde entziehen können. Halb Mensch, halb Vogel, saßen die Sirenen auf den Blumenwiesen oberhalb der Klippen und lockten die Schiffer mit süßen Gesängen an. Solange sie sangen, glaubten die Seeleute wunderschöne Frauen zu sehen. Erst wenn die Schiffe an den Klippen zerschellt waren und die Mannschaft dem Tod ins Auge blickte, zeigten die Sirenen ihre wahre, grausige Gestalt.

Auf Circes Rat hin beschloss Odysseus, lieber nicht auf seine Standhaftigkeit zu vertrauen, sondern sich durch mechanische Hilfsmittel vor dem Zauber zu schützen. Bevor das Schiff die berüchtigte Klippe erreichte, verstopfte er seinen Männern die Ohren mit Bienenwachs und ließ sich dann

SCULPTURE
MUSIQUE
POESIE
PEINTU

von ihnen an den Schiffsmast binden; sie mussten ihm schwören, ihn nicht loszubinden, auch wenn er sie noch so sehr darum bitten sollte.

Als das Schiff in Hörweite kam, stimmten die Sirenen einen Lobgesang auf die Heldentaten des Odysseus an und versprachen ihm unermessliches Wissen, denn sie wussten wohl, dass kein Mann widerstehen kann, wenn man ihm schmeichelt und ihm das verspricht, was er am meisten begehrt. Odysseus flehte seine Gefährten an, ihn loszubinden, aber die Männer blieben standhaft und steuerten das Schiff an den Klippen vorbei, bis der liebliche Gesang verklungen war. Mit Circes Hilfe hatte sich Odysseus dem tödlichen Schicksal seiner Vorgänger entziehen können. Voller Wut stürzten sich die Sirenen von der Klippe herab ins Meer und ertranken.

Dieses präraffaelitische Gemälde zeigt die sonst meist als verführerisch schön dargestellten Sirenen in ihrer Urgestalt: als raubgierige weibliche Vogelmenschen.
JOHN WILLIAM WATERHOUSE (1849–1917): *ODYSSEUS UND DIE SIRENEN*, 1891

Medusa

Die alten Griechen glaubten, dass ein Mann jede noch so gefährliche Verführerin überlisten könne, wenn er nur mit Entschlossenheit und Umsicht handelt. So gedachte sich Perseus, ein Sohn des Zeus, mit der mörderischen Medusa zu vergnügen und trotzdem weiterzuleben. Wie Odysseus wollte er den Liebreiz todbringender Frauen erfahren, ohne ihnen zu verfallen. Beide wollten sich über ihre Geschlechtsgenossen erheben, wollten die Ersten sein, die sich furchtlos dem erotischen Zauber der Verführerin aussetzen, um in ebenso gefährliche wie köstliche Dimensionen der Erfahrung vorzustoßen und anschließend unversehrt ihrer Wege zu gehen.

Medusas Schönheit war nicht immer so verhängnisvoll gewesen. Wie Ovid in den *Metamorphosen* berichtet, hatte sie in ihrer Jugend prächtiges langes Haar besessen, das sie zu Zöpfen flocht, und viele Verehrer gehabt, die von weit her anreisten und um ihre Gunst buhlten – bis zu dem Tag, an dem der Meeresgott Poseidon ihr in Athenas Tempel Gewalt antat und die Göttin der Weisheit und des Krieges ihren Blick abwandte. Wenn ein Mann, der obendrein ein Gott war, sich beim Anblick einer schönen Frau derartig aufführen konnte, musste Schönheit ein Fluch sein; deshalb verzauberte Athena Medusas wunderbares Haar in eine Masse sich windender Schlangen. Außerdem verfügte sie, dass jeder, der Medusa künftig ansah, sich auf der Stelle in Stein verwandeln solle. Als Perseus sich aufmachte, um Medusa zu

Die Meerjungfrauen

In der griechischen Mythologie waren die Sirenen hässliche Vogelmenschen, die den Männern durch den Zauber ihrer Gesänge die Illusion der Schönheit vorspiegelten. Lange nachdem sie sich ins Meer gestürzt hatten, tauchten sie als schöne Nixen mit schimmernden Fischschwänzen wieder auf. Als sich die Vorherrschaft der Männer gefestigt hatte, wurde die liebreizende Meerjungfrau der Volkssage zu einem Symbol für die Gefahren der sinnlichen Leidenschaft.

Die Meerjungfrauen flüsterten ihren männlichen Opfern ins Ohr, dass unter Wasser ein paradiesisches Leben auf sie warte. Sie lockten sie in eine magische Unterwasserwelt aus glitzernden Korallenschlössern, die sanft in der Strömung schaukelten. Dort, so raunten sie, könne man all seine Sorgen vergessen und frei sein. Natürlich wartete nicht die Erfüllung, sondern der Tod auf diejenigen, die den Nixen vertrauten.

töten, fand er auf dem Weg zu ihrer Höhle die steinernen Überreste zahlreicher Vorgänger.

Perseus hatte sein Vorhaben in allen Einzelheiten geplant. Er hatte sich Flügelsandalen und eine Tarnkappe besorgt und von Hermes eine Sichel bekommen, um dem Ungeheuer damit den Kopf abzuschlagen. Außerdem nahm er einen Zaubersack und Athenas spiegelblank polierten Bronzeschild mit. Durch seine Tarnkappe geschützt, gelangte er unbemerkt in die Höhle und näherte sich rückwärts der schlafenden Medusa, wobei er darauf achtete, nur auf die spiegelnde Oberfläche des Schilds zu schauen. Athena führte ihm die Hand, und er schlug Medusa das Haupt ab.

Während sich die Sirenen vor Wut über den listigen Odysseus ins Meer gestürzt hatten, gingen Medusa und Perseus immerhin eine Art von Beziehung ein. Als das Haupt der Medusa fiel, entsprangen ihrem Rumpf das geflügelte Ross Pegasos und sein Zwilling Chrysaor. Obwohl sie die Nachkommen Poseidons waren, ist ihr Erscheinen in diesem Augenblick als Anspielung darauf zu verstehen, dass Perseus nicht nur mit der Sichel in Medusas schönen Körper eingedrungen war. Hochzufrieden mit seinem Erfolg verstaute er das Schlangenhaupt in seinem Zaubersack: Solange es darin verborgen war, konnte der Zauber nicht wirken. Würde er es jedoch hervorziehen, würden alle Menschen bei seinem Anblick auf der Stelle zu Stein werden.

Anschließend reiste er durch Nordafrika und bat den Riesen Atlas um ein Quartier für die Nacht. Doch Atlas wollte ihm die Bitte nicht erfüllen, denn ihm war prophezeit worden, dass ein Sohn des Zeus in sein Reich kommen werde, um ihm die goldenen Äpfel eines Wunderbaums zu stehlen. In seinem Zorn über diese Zurückweisung holte Perseus das Schlangenhaupt

aus der Tasche und verwandelte Atlas in das Gebirge, das sich vom heutigen Marokko bis nach Tunesien erstreckt.

Als Perseus nach Äthiopien weiterzog, entdeckte er eine wunderschöne nackte Frau, die an einem Felsen über dem Meer angekettet war. Er fand heraus, dass ihre Mutter Poseidons Zorn erregt hatte. Um Poseidon milde zu stimmen, sollte die schöne Andromeda den Seeungeheuern geopfert werden. Perseus befreite sie und nahm sie zur Frau.

Bevor er sich mit seiner Liebsten am Ufer niederließ, suchte er ein geeignetes Lager für das Haupt der Medusa, das sich noch immer im Zaubersack befand. Vorsichtig bettete er den Kopf auf eine Schicht aus Blättern und Algen, die sich daraufhin in einen prächtigen Korallengarten verwandelten. Nun, da Perseus eine Frau gefunden hatte, die er liebte, konnte die sinnliche Schönheit der Medusa aufs Neue ihren Zauber entfalten.

Die Gestalt der Medusa weckt gemischte Gefühle. Die Chronisten schrieben ihrem Blut sowohl heilende als auch todbringende Kräfte zu. Diese Ambivalenz faszinierte vor allem die Künstler der Romantik und des Fin de Siècle. War Medusa nun schön, oder war sie monströs? Sie besaß die Aura des Geheimnisvollen, und sie hatte Macht, und diese Merkmale prägen auch das Bild der verführerischen, aber zerstörerischen Frau.

Stolz präsentiert Perseus das Haupt der Medusa. Nicht einmal der Tod konnte ihren Zauberkräften etwas anhaben. Perseus bediente sich ihrer, um den Riesen Atlas in ein Gebirge zu verwandeln. BENVENUTO CELLINI (1500–1571): *PERSEUS MIT DEM HAUPT DER MEDUSA*, 1545–1554

IM UNTERSCHIED ZU DEN FRÜHEN RABBINERN UND KIRCHENVÄTERN, die am Beispiel von Lilith und Eva zu demonstrieren versuchten, wie wichtig es ist, dass die Männer nicht nur die Frauen, sondern auch ihre eigenen Triebe beherrschen, waren die alten Griechen davon überzeugt, dass der Verkehr mit einer Verführerin außer Nervenkitzel auch Lust und Triumph verspricht, wenn ein Mann es nur geschickt genug anstellt.

Sowohl die alten Israeliten als auch die frühen Christen erlitten Unterdrückung und Verfolgung. Beide Gemeinschaften erlegten sich – und das hieß insbesondere den Frauen – daher strenge Verhaltensregeln auf, um ihren Fortbestand zu sichern. Die Griechen hingegen konnten ihre Kultur ungehindert im ganzen Mittelmeerraum verbreiten. Im 5. Jahrhundert v. Chr. besaß jeder freie männliche Bürger über 18 Jahre im Stadtstaat Athen das Stimmrecht. Frauen aber wurden in der patriarchalischen Gesellschaft Griechenlands aus vielen Lebensbereichen ausgegrenzt.

Doch selbst das klassische Griechenland hatte das Gespenst der Frau, die ihre Sexualität einsetzt, um Macht zu gewinnen, noch nicht besiegt. 431 v. Chr. erklärte der Athener Perikles dem Nachbarstaat Sparta den Krieg. Die folgenden Kämpfe, die als Peloponnesischer Krieg in die Geschichte eingingen, dauerten fast dreißig Jahre und brachten den stolzen Athenern eine empfindliche Niederlage ein. Diesen Hintergrund wählte der Dichter Aristophanes für seine 411 v. Chr. entstandene Komödie *Lysistrata*. Um endlich Frieden zu erzwingen, verbünden sich die Athenerinnen und rufen einen Streik aus: Solange die Männer Krieg führen, verweigern sie ihnen sämtliche ehelichen Freuden! Auf der Bühne war der Krieg dank dieser Strategie bald beendet, denn selbst im strengsten Patriarchat bleibt die Sexualität eine Waffe, mit deren Hilfe sich Frauen Gehör zu verschaffen vermögen.

Im Augenblick ihres Todes liefert sich die große Verführerin Kleopatra schutzlos allen Blicken aus. Während das Schlangengift sich in ihrer Blutbahn ausbreitet, kann sich der Betrachter am Anblick ihres nackten Körpers weiden. BARTOLOMMEO GENNARI (1594–1661): *DER TOD DER KLEOPATRA*, O. D.

Kapitel 3

Kleopatra

Verführung ist die Kunst der Suggestion. Manche erotisierenden Sinnesreize scheinen universell zu sein, z. B. das nach Honig duftende Analdrüsensekret der Zibetkatze, das sanfte Streichen der Fingerkuppen über die Innenseite des Arms, der Geschmack des sämigen Fruchtfleischs einer frischen Feige, von durchscheinenden Stoffen kaum verhüllte weibliche Kurven. Andere erotische Reize sind hingegen Ausdruck persönlicher oder kultureller Vorlieben und unterliegen dem Wandel des moralischen Wertesystems. Eine Verführerin aus klassischer Zeit aber war so mächtig, dass ihr Bild, in das jede Zeit ihre Träume und Begierden einschrieb, bis in die Neuzeit überdauert hat. Ihr Name ist Kleopatra.

Ein Gemälde von Bartolommeo Gennari aus dem 17. Jahrhundert zeigt sie in sitzender, leicht nach hinten gelehnter Haltung, ihr spärlich bekleideter Leib ist dem Betrachter zugewandt. Durch die Bisswunde einer kleinen Schlange in ihrer linken Brust dringt Gift in ihren Körper ein: Die einst so machtvolle Königin Ägyptens liegt im Sterben. Der Betrachter wird zum voyeuristischen Beobachter eines sehr intimen Augenblicks. In diesem Moment gehört ihm die Frau, die angeblich an ihren männlichen Sklaven

Nach Kleopatras Tod wurden gezielt Geschichten über ihre angebliche Grausamkeit in Umlauf gebracht. Es hieß, sie habe sich Liebhaber und Sklaven gehalten und sie vergiftet, wenn sie ihren Zweck erfüllt hatten.
EDWIN LONGSDEN LONG (1829–1891): *LOVE'S LABOUR LOST*, 1885

giftige Substanzen erproben ließ und ihren Gefangenen vor der Hinrichtung eine lustvolle Nacht bescherte, ganz allein. Welch süße Rache!

Fast zwanzig Jahre lang (51–30 v. Chr.) hatte Kleopatra, bedroht von der wachsenden Macht des römischen Imperiums, die Geschicke ihres Landes gelenkt. Mit 18 Jahren bestieg sie den Thron, schloss Bündnisse mit den bedeutendsten Römern ihrer Zeit, mehrte Ägyptens Reichtum und Macht und führte ihr Land in eine neue Blütezeit. Am Ende wurde sie durch den einen römischen Feldherrn, der für ihren Charme nicht empfänglich war, zu Fall gebracht, woraufhin sie es vorzog, sich das Leben zu nehmen, statt seine Gefangene zu sein.

Kleopatras Waffen waren das Unausgesprochene, die Andeutung, die Kraft der Suggestion. Sie regierte ein reiches Land, das zwar nicht frei, aber noch immer mächtig war. Für die Römer, die fest im abendländischen Denken verwurzelt waren, blieb Ägypten das ewige Rätsel: Dort gab es ein unergründliches Pantheon von Tiergottheiten. Die Frauen hatten eine widernatürliche Macht inne, die Moralvorstellungen waren fragwürdig. Das Gepränge zeugte von Verschwendungssucht. Die Farben, die Gerüche, die Baukunst, die Musik – alles war fremdartig und exotisch.

Obwohl Ägypten ihnen eigentlich zur Gefolgschaft verpflichtet war, mussten die Römer mit Überraschungen rechnen. Als Pompejus der Große 48 v. Chr. auf der Suche nach Beistand in Alexandria eintraf, rollte sein Kopf. Vier Tage später paradierte sein Rivale Julius Cäsar durch die engen Straßen der Vielvölkerstadt und musste sich vor der aufgebrachten Menge in den Königspalast retten.

Die ägyptische Königin lebte zu diesem Zeitpunkt im Exil, denn ihr Brudergemahl Ptolemäus XII. hatte sie aus Alexandria vertrieben. Eines

Tages – Cäsar genoss noch immer die Gastfreundschaft des jungen Königs – kam ein Teppichhändler in den Palast und entrollte eins seiner Prachtstücke. Heraus sprang eine stolze junge Frau, die der Familie des Makedoniers Alexander der Große – Cäsars Vorbild – entstammte und sehr klug und belesen war. Sie kniete vor Cäsar nieder und trug ihm vor, was sie zu sagen hatte. Der zu diesem Zeitpunkt 52-jährige römische Feldherr soll eine immense Wirkung auf Frauen gehabt haben, doch in diesem Fall waren die Rollen wohl anders verteilt.

Nach Kleopatras Auftritt wurde Ptolemäus aus dem Palast gejagt, und Cäsar stellte ein Heer für Kleopatra auf. Bei dem anschließenden Feldzug ertrank Ptolemäus, und Kleopatra bestieg erneut den Thron und regierte Ägypten gemeinsam mit einem jüngeren Bruder – im Bunde mit Cäsar, dem sie auf einer ausgedehnten Nilkreuzfahrt die Reichtümer ihres Landes gezeigt hatte. Cäsar zeigte sich angemessen beeindruckt, und bald darauf gebar ihm Kleopatra seinen einzigen Sohn.

Das Paar ging nach Rom, wo viel über die exotische Ausländerin und ihren Bastard getuschelt wurde. Cäsar, der bereits verheiratet war, brachte

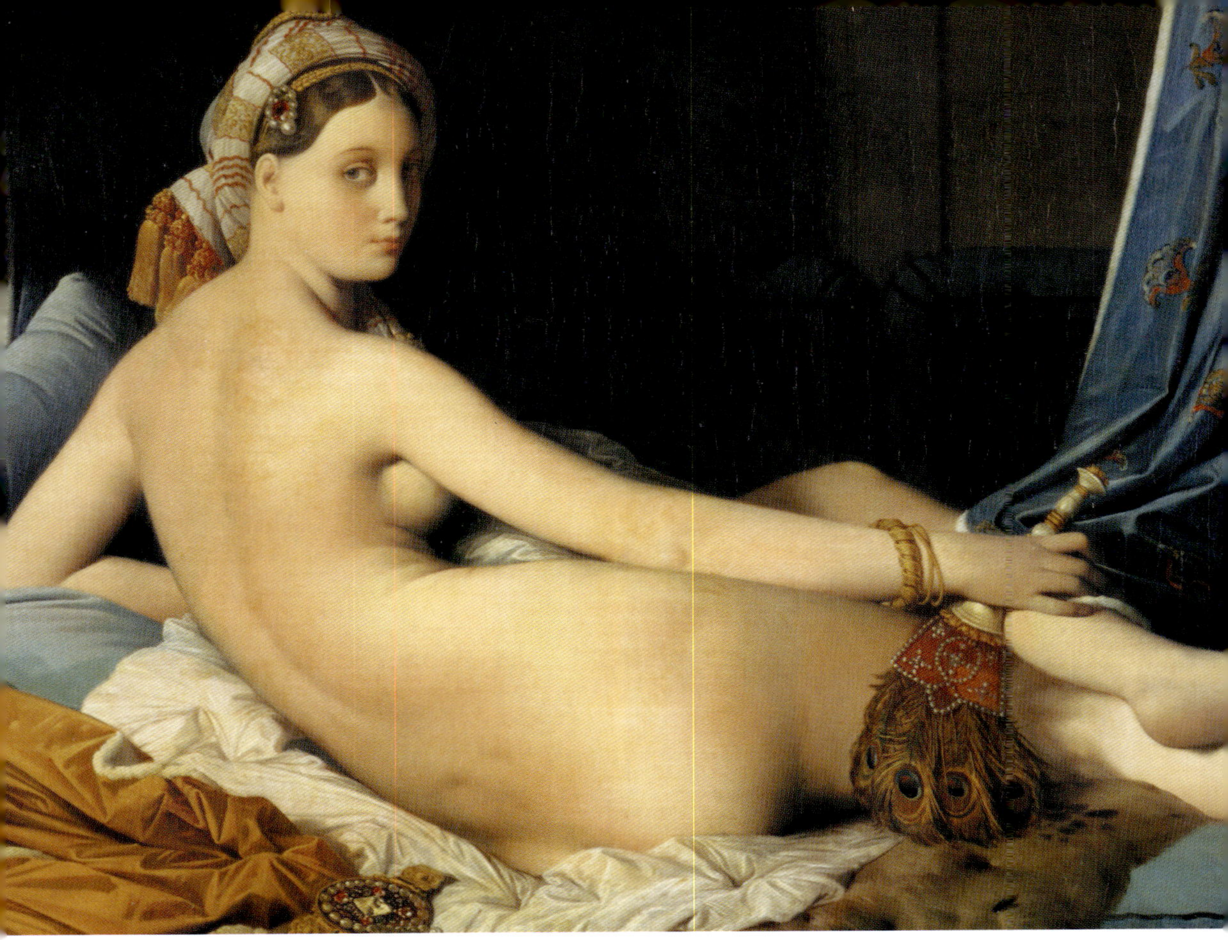

Kleopatra in einer prächtigen Villa vor den Toren Roms unter. Dort hielt sie Hof, verbreitete ihre Ideen über die Göttlichkeit der Herrscher, und wahrscheinlich war sie es, die Cäsar anspornte, seine Machtposition auszubauen. Als Cäsar im Jahr 44 v. Chr. von unzufriedenen Senatoren ermordet wurde, ergriff Kleopatra mit ihrer Familie die Flucht, da ihr Bündnis mit Rom durch die internen Machtkämpfe ins Wanken geraten war. Nach ihrer Rückkehr musste sie feststellen, dass ihr Bruder und Mitregent unter mysteriösen Umständen verschwunden war. Ihrer Abstammung nach Griechin, beherrschte sie inzwischen die Sprache ihrer Untertanen und inszenierte sich fortan in feierlichen Zeremonien als die ägyptische Muttergottheit Isis. Ägypten erlebte eine neue Blütezeit. Kleopatra regierte ihr Land und kümmerte sich um die Erziehung ihres Sohnes, bis das Römische Reich eines Tages unter zwei siegreichen Feldherren aufgeteilt wurde: Gaius Octavian erhielt den Westteil, Marcus Antonius den Ostteil. Kleopatra traf Vorkehrungen für ein neues Bündnis.

Die Künstler des 19. Jahrhunderts umgaben Kleopatra mit dem orientalischen Zauber von Tausendundeiner Nacht. Im Kolonialzeitalter wurde sie zu einem Symbol für den Orient, der auf seine Inbesitznahme wartete. Hier ruht Kleopatra in provozierend erwartungsvoller Pose auf ihrem Lager. JEAN AUGUSTE DOMINIQUE INGRES (1780–1867): *DIE GROSSE ODALISKE*, 1814

Auch Antonius hatte Interesse an einer Allianz, weil er Ägypten als Verbündeten für seine ehrgeizigen militärischen Ziele brauchte, und so ließ er die ägyptische Königin zu sich rufen. Doch Kleopatra ließ ihn erst einmal warten. Als ihr Schiff schließlich in Tarsus (im Norden der heutigen Türkei) Anker warf, wurde sie von Antonius auf dem Marktplatz erwartet. Kleopatra hatte jedoch nicht die Absicht, von Bord zu gehen, schließlich hatte sie ihr Schiff für die Begegnung mit dem Römer, dessen Vorliebe für Opulenz weithin bekannt war, sorgfältig ausgeschmückt. Über dem goldenen Schiffsdeck schwoll ein purpurnes Segel. Silberne Ruder tauchten zu den melodischen Klängen von Flöten und Harfen ins Wasser. Verkleidet als Aphrodite, die griechische Göttin der Schönheit, Verführung und Liebe, ruhte Kleopatra auf ihrem Lager unter dem golddurchwirkten Zeltdach in Gesellschaft holder Knaben, die ihr Luft zufächelten. Die Besatzung bestand aus jungen, als Nereiden verkleideten Mädchen, die geschickt die Segel setzten und das Ruder führten. Und die ganze Szenerie war in eine Wolke betörender Düfte gehüllt.

Wie ein Lauffeuer verbreitete sich die Kunde von der Ankunft des wundersamen Schiffs in der Stadt, und die auf dem Marktplatz versammelte Volksmenge strömte zum Hafen hinunter. Shakespeare beschreibt diese Szene in seinem Drama *Antonius und Kleopatra* so: »(. . .) und Marc Anton, / Hochthronend auf dem Marktplatz, saß allein / Und pfiff der Luft (. . .).« Antonius war in einer Zwickmühle: War dem Herrscher über das römische

Im Laufe der Geschichte wurde das Bild der Kleopatra immer wieder dem jeweiligen Zeitgeist angepasst. Diese – jugendfreie – viktorianische Darstellung zeigt Kleopatra einmal mit abgeschwächter erotischer Aura. ANONYMUS, ENGLISCHE SCHULE (19. JAHRHUNDERT) *CLEOPATRA VII*

Ostreich an der Begegnung gelegen, musste er sich höchstselbst zu Kleopatra bemühen. Sie war es auch, die in Tarsus das Festmahl für ihren zukünftigen Liebhaber ausrichtete, nicht umgekehrt, wie zu erwarten gewesen wäre. Antonius gefiel das unkonventionelle Arrangement offenbar, jedenfalls genoss er die Schäferstündchen mit Kleopatra, bis er von der gescheiterten Verschwörung seiner Gattin Fulvia gegen Octavian erfuhr. Als Antonius sich schließlich aus den Armen der Ägypterin wand und nach Hause kam, brodelte es bereits im Volk. Hatte er wirklich geglaubt, dass man einem Imperator derartige Eskapaden nachsehen würde?

Den Gerüchten zufolge, die in Umlauf waren, beglückte Kleopatra Antonius mit Liebespraktiken, von denen eine ehrbare Römerin nicht einmal zu träumen gewagt hätte. Bis zu ihrem letzten Atemzug, erklärten Octavians Lakaien, würde Kleopatra der Lust des Fleisches frönen. Der Dichter Properz bezeichnete sie als eine »Herrin im Lasterpfuhle«, die buchstäblich bis zum Umfallen mit ihren Sklaven herumhure. Der römische Dichter Lukan verbreitete, sie habe jeden Mann, der sie nicht befriedigen konnte, mit Hass verfolgt, und die vielen Chronisten, die sich über die römische Keuschheit und die ägyptische Unzucht ausließen, wussten zu berichten, ihr ganzer Hofstaat bestehe aus vertrockneten Eunuchen. Folglich stand auch Antonius' Männlichkeit bzw. seine Eignung als römischer Feldherr auf dem Prüfstand.

Da Kleopatra immens reich sei, raunte man sich zu, könne sie es sich erlauben, für jeden ihrer Liebhaber neue sexuelle Freuden zu ersinnen. Dass Ägypten unter Kleopatra eine Zeit des Friedens und der Stabilität erlebte, war für die Erfinder all dieser schlüpfrigen Geschichten anscheinend bedeutungslos. Noch hundert Jahre nach ihrem Tod berichtet der römische

Gelehrte Plinius, Kleopatra habe zwei riesige Perlen von einzigartiger Schönheit besessen. Eines Tages habe sie eine von ihnen in Essig gelegt und sie sich einverleibt, um Antonius zu beweisen, wie wenig ihr irdischer Besitz bedeutete.

Dieses Vorkommnis macht Kleopatra zu einer außergewöhnlichen Frau: Was anderen Menschen als das höchste Gut erscheint, ist für sie bedeutungslos. Eine Frau, die sich so ungerührt von kostbaren Besitztümern trennen kann, weckt die männliche Neugier. Welch eine Befreiung! Jenseits alltäglicher Sorgen und Pflichten entsteht Raum zur lustvollen Entfaltung all jener Aspekte des Lebens und der eigenen Persönlichkeit, die man gewöhnlich unterdrückt.

Antonius blieb dreieinhalb Jahre in Rom. Nach Fulvias Tod heiratete er aus taktischen Gründen Octavians Schwester Octavia, während Kleopatra ihren eigenen Regierungsgeschäften nachging und ihm die Zwillinge Alexander Helios und Kleopatra Selene gebar.

Seit er die Herrschaft über das Ostreich übernommen hatte, wollte Antonius das Land der Parther erobern (heute Iran und Irak). Mit dieser Expansion gedachte er so mächtig zu werden wie sein Vorbild Alexander der Große. Schon Julius Cäsar hatte diesen Traum gehabt, und wenn er Wirklichkeit würde, könnte Antonius seinem Volk beweisen, dass er nicht nur in Kleopatras Bett ein würdiger Nachfolger seines Mentors war.

Als sich die Lage an der Heimatfront wieder beruhigt hatte, schien der richtige Zeitpunkt gekommen. Für einen Feldzug dieser Größenordnung brauchte Antonius jedoch Kleopatras Unterstützung. Er reiste nach Syrien und rief sie zu sich nach Antiochia. Die Königin eilte herbei und schlug ihm einen Handel vor: Sie würde ihm helfen, aber nur unter der Bedingung, dass er im Gegenzug einige Gebiete seines Reichs an Ägypten abtreten würde. Er war einverstanden.

Antonius brauchte ägyptisches Getreide und ägyptische Handwerker, die ihm aus dem Holz, das auf dem von Kleopatra beanspruchten Land wuchs, Kriegsschiffe bauen sollten. Octavian verbreitete jedoch in Rom das Gerücht, Antonius habe Kleopatra die römischen Ländereien aus rein privaten Gründen überlassen. Nachdem es ihm gelungen war, Kleopatras politischen Schachzug als billige Anmache hinzustellen, beschwor er die Römer, sich die Frage zu stellen, wem Antonius mit seinem Eroberungsfeldzug eigentlich nutzen wolle: seinem Land oder Kleopatra.

Da Kleopatra eine Frau und obendrein Ausländerin war, erschien sie doppelt verdächtig. Octavian erklärte, Ausländer pflegten nicht nur barbarische Sitten und Bräuche, sondern hätten auch primitive Religionen und fragwürdige Moralvorstellungen. Außerdem waren Frauen für ihn lasterhafte Hochstaplerinnen, die nicht begriffen, was die Welt zusammenhielt. Folglich könne ein Mann, der sich wie Antonius in Gesellschaft von Ausländern wohl fühle und sich der Macht eines Weibes unterwerfe, nur ein Waschlappen sein. Die Römer mussten sich entscheiden – für wen, hatte er hinreichend deutlich gemacht.

Als der Feldzug gegen die Parther scheiterte, erging sich Octavian in Schuldzuweisungen gegen Kleopatra. Antonius habe kostbare Zeit verschwendet, weil er nicht rechtzeitig aus ihrem Bett gestiegen sei. In Wirklichkeit kamen Antonius' Truppen durch das viel zu schwere Kriegsgerät nur langsam voran. Zu allem Überfluss entpuppte sich ein Verbündeter als Verräter, und ein Angriff aus dem Hinterhalt fügte den Truppen empfindliche Verluste zu.

Auf dem Rückzug verlor Antonius weitere Männer, weil er darauf beharrte, Armenien mitten im Winter zu durchqueren, statt den Frühling abzuwarten. Daraufhin verbreitete Octavians Propagandaapparat, Antonius wolle nur weiterziehen, um möglichst schnell wieder in die Arme seiner Ägypterin zu sinken. Plutarch berichtete später, dass »er seines Verstandes nicht mächtig war, sondern unter der Wirkung von Liebestränken oder sonst einer Bezauberung immer nur den Blick auf sie gerichtet hielt«. Wahrscheinlicher aber ist die Annahme, dass Antonius seine Soldaten zur Eile antrieb, weil er dem König von Armenien nicht trauen konnte.

Als Antonius Syrien erreicht hatte, ließ er Kleopatra zu sich rufen. Doch Kleopatra hatte gerade ein weiteres Kind zur Welt gebracht und ließ sich Zeit. Auch Antonius' Gemahlin Octavia traf mit Schiffen und Versorgungsgütern in Syrien ein. Antonius nahm die Waren entgegen und schickte Octavia wieder nach Hause. Er war nun fest entschlossen, seinen Traum von einem oströmischen Reich gemeinsam mit Kleopatra zu verwirklichen.
Die Demütigung seiner Ehefrau brachte jedoch in Rom das Fass zum Überlaufen, sodass Octavian genügend Römer hinter sich wusste, um die entscheidende Kraftprobe zu wagen.

Es war dann die Seeschlacht von Aktium, die die Wende brachte. Octavian und Antonius mussten eine Klärung herbeiführen – und wie es sich unter Männern gehört, erklärten sie sich zu diesem Zweck den Krieg. Weil die Römer Kleopatra einen Einmarsch in ihr Kernland niemals verziehen

hätten, verzichteten Antonius und Kleopatra darauf, Rom anzugreifen, obwohl Octavian dort Gelder und Truppen mobilisierte. Stattdessen warteten sie auf Octavians Offensive. Hätten sie ihn erst besiegt, würden sie als Sieger in Rom einmarschieren – und die Römer hätten gar keine andere Wahl, als Kleopatra zu akzeptieren.

Kleopatra hatte ihre Flotte zusammengezogen und war bereit. Für den Bodenkampf stellte sie keine Truppen zur Verfügung. Da Antonius es sich

Viel Liebe zum Detail zeigte die Ausstattung des Stummfilms *Cleopatra* (1917). In der Interpretation von Theda Bara wurde die ägyptische Königin zur Verräterin. Beworben wurde der Film denn auch mit der Behauptung, der Name der Hauptdarstellerin sei ein Anagramm von *Arab death*.

nicht leisten konnte, sie als Verbündete zu verlieren, optierte er ebenfalls für die Seeschlacht. Unglücklicherweise verfügte Octavian mit dem Flottenführer Marcus Agrippa über einen äußerst brillanten Taktiker. Nachdem Antonius' und Kleopatras Flotte bei Aktium eingekesselt worden war, hoffte das Liebespaar, Agrippa zu entkommen und mit Kleopatras Vermögen eine neue Flotte aufbauen zu können.

Nach der Flucht der beiden wurde gemurrt, die feige Kleopatra habe den tapferen Antonius sitzen lassen, als er sie am dringendsten brauchte. Jedem aufrechten Römer war das ein Beweis dafür, wie blind Antonius gewesen sein musste, einer solchen Verräterin zu vertrauen. »Nunmehr bewies Antonius mit aller Deutlichkeit«, kommentierte Plutarch später genüsslich, »dass er sich nicht von den Überlegungen eines Führers noch eines Mannes noch überhaupt seinen eigenen Überlegungen leiten ließ, sondern (. . .) dass er von der Frau mitgezogen wurde, als ob er mit ihr zusammengewachsen wäre und allen ihren Bewegungen folgen müsste (. . .), und hinter der Frau herfuhr, die sich schon ins Verderben gestürzt hatte und ihn nun mit hineinreißen sollte.«

Nach der Schlacht von Aktium versuchte Octavian, in Alexandria Geld zu beschaffen. Aber anders als Cäsar oder Antonius hatte er nicht die geringste Absicht, mit der ägyptischen Königin zu schlafen. Er wollte keine Bündnisse, er wollte die Herrschaft. Kleopatra verbarg sich in ihrem gut befestigten Mausoleum. Antonius, der sie für tot hielt, stürzte sich in sein Schwert. Sie ließ ihn in ihr Versteck bringen, und er starb in ihren Armen. Um nicht in Gefangenschaft zu geraten, wählte, wie schon erwähnt, auch Kleopatra den Tod: Sie brachte sich mit dem Gift einer Viper um, die man ihr in einem Feigenkorb in ihr Verlies geschmuggelt hatte.

Octavian hätte es sich nicht schöner wünschen können: Der große, aber charakterschwache Held zerbricht an der Liebe zu einer Frau. Da er sich nicht von ihrem Lager losreißen kann, verliert er das, was er am meisten begehrt: Parthien. Und als ihn dann sein Erzrivale angreift, bricht die Liebste ihr Wort und macht sich wie eine feige Verräterin aus dem Staub. Nun bleibt ihnen nur der Freitod – gibt es einen besseren Beweis dafür, dass das Schicksal eines Mannes besiegelt ist, wenn er einer hinterlistigen Frau vertraut?

Nach Octavians Tod entwickeln die Legenden um Kleopatra ein Eigenleben: Plinius berichtet von der verschluckten Perle, und Plutarch beschreibt die üppige Bewirtung der beiden Liebenden, für deren leibliches Wohl den ganzen Tag über mehrere erlesene Gerichte bereitgehalten worden seien, da man nie gewusst habe, wann das illustre Paar zu speisen gedachte. Im 4. Jahrhundert wurde schließlich verbreitet, die Königin habe zu ihrem Vergnügen mit dem Leben von Männern gespielt.

Auf dem Grund vieler Geschichten über Verführerinnen lauert die Angst der Männer vor dem Verlust ihrer Männlichkeit. Dass es am ägyptischen Hof Eunuchen gab, erregte den Ekel der Römer, und genau an diesem Punkt setzte Octavian an, um Kleopatra bei seinen Zeitgenossen zu verunglimpfen. Allein die Tatsache, dass sie sich nacheinander zwei römische Staatsmänner in ihr Bett geholt hatte, galt als Beweis dafür, dass sie die Männer um ihr Vorrecht bringen wollte, sich ihre Geschlechtspartnerinnen selbst auszusuchen. Octavian schrieb ihr die Fähigkeit zu, einen Mann zu einem Schatten seiner selbst zu machen.

Folgt man dieser Logik, dann liegt es nahe, dass sie den Männern nicht nur die Männlichkeit, sondern auch das Leben nahm. Kein Wunder, dass

Herkules und Omphale

Der kastrierte Mann war bei den Römern *die* Schreckensvision schlechthin. Römische Männer erwarben sich Ruhm, indem sie in militärischen und rhetorischen Gefechten miteinander wetteiferten – Bereiche, aus denen Frauen traditionell ausgeschlossen waren. Männer, die sich einer Frau unterwarfen, ernteten Hohn und Spott. Um seinen Rivalen Antonius lächerlich zu machen und dessen militärische und politische Qualitäten in Frage zu stellen, bemühte Octavian das Beispiel von Omphale und Herkules. Ironischerweise hatte Antonius ihm dieses Stichwort selbst geliefert, weil er den starken, tapferen Herkules gern sein Vorbild nannte.

Der Sage nach verkaufte Hermes Herkules aus Zorn darüber, dass dieser seinen Freund Iphitos in einem Anfall von Raserei getötet hatte, für drei Jahre als Sklaven an die lydische Königin Omphale. Die Versklavung eines Griechen durch eine barbarische Königin bedeutete eine ungeheuerliche Demütigung. Omphale soll Herkules sogar gezwungen haben, die Kleider mit ihm zu tauschen. Während er in Frauenkleidern für seine Herrin Garn spinnen musste, streifte sie seine Löwenhaut über und schwang die Keule.

Die kriegerischen Römer kannten keine Zwischentöne. Für einen Mann gab es nur oben oder unten. Eine gleichberechtigte Partnerschaft wie die zwischen Antonius und Kleopatra hatte in ihrer Welt keinen Platz.

In dem Film *Cleopatra* von Cecil B. DeMille (1934) verkörpert die weltkluge Claudette Colbert eine ebenso kultivierte wie verwöhnte Kleopatra, die ihren Marcus Antonius um den kleinen Finger wickeln konnte.

man sich bald auch erzählte, die Männer hätten Schlange gestanden, um mit ihr zu schlafen, obwohl sie wussten, dass sie am Morgen danach der Tod erwartete. Später stand das Bild der kalten, berechnenden Kleopatra Pate für die viktorianische Variante der gefährlichen Frau: den Vamp.

Bis heute gilt Kleopatra als Prototyp der alles verschlingenden Frau, die an jedem Finger zehn Liebhaber hatte, wenn sie es nicht gerade auf einen römischen Machthaber abgesehen hatte. Es ist jedoch nirgendwo belegt, dass sie jemals andere Liebhaber hatte als Cäsar und Antonius, von denen sie, wenn ihre Regierungsaufgaben es erforderten, oft über Jahre getrennt war. Obwohl beide Männer notorische Frauenhelden waren, musste Kleopatra für ihre Laster herhalten.

KLEOPATRA LEBTE IN EINER ZEIT, als das Römische Reich einer ungewissen Zukunft entgegensah. Um an die Macht zu gelangen, musste Octavian Antonius' Vision eines west-östlichen Bündnisses etwas entgegensetzen. Die Geschichte von Antonius und Kleopatra kam ihm sehr gelegen, weil er so die lockere Moral eines Mannes, der dem Laster frönt, mit mangelnden politischen und militärischen Führungsqualitäten gleichsetzen konnte. Weil Marcus Antonius aber nun einmal ein römischer Held war, durfte er natürlich keiner dahergelaufenen Straßenhure erliegen. Der große Mann musste an einer ebenso großen und königlichen Meisterin der Verführungskunst scheitern. Der Effekt dieser Propaganda übertraf dann allerdings Octavians wildeste Fantasien: Indem er das Bild einer Frau zu entwerfen versuchte, vor der sich jeder Mann hüten musste, erschuf er einen Mythos, der die männliche Vorstellungswelt für alle Zeiten prägte.

Als Gegenleistung für ihre Liebesdienste fordert die Mätresse materielle Sicherheit, ein wenig Luxus, Raum für private Vergnügungen und Teilhabe am gesellschaftlichen Leben.
FRANÇOIS BOUCHER (1703–1770): *RUHENDES MÄDCHEN (LOUISE O'MURPHY),* 1752

Kapitel 4

Die Mätresse

Octavian und spätere römische Chronisten beschrieben Kleopatra als diabolische Verführerin, die ihre Liebhaber umbringen ließ, wenn sie ihr nicht mehr von Nutzen waren. Sie ist die große Ausnahme unter den historischen Verführerinnen, weil es nach ihr bis ins 20. Jahrhundert hinein Frauen i. Allg. kaum möglich war, unabhängig von Vater, Bruder oder Ehemann zu leben. Die Frau erledigte die Hausarbeit und kümmerte sich um die Kinder, während der Mann das Geld verdiente und seine Familie – hoffentlich – beschützte. Solange die männliche Vorherrschaft nicht von Frauen angefochten wurde, fantasierten die Männer sich die Verführerin als wundervolle Frau, die den Mann unterhalten, aber nicht zerstören wollte.

Vermögende Männer hatten jederzeit die Möglichkeit, solch bezaubernde Wesen zu finden. Da Frauen nur über begrenzte soziale Aufstiegschancen verfügten, versuchten manche, sich ihrer Schönheit zu bedienen, um ihren Status zu verbessern – oder auch politisch Einfluss zu nehmen. Wohlhabende, mächtige Männer brauchten aus einer Schar schöner Frauen nur auszuwählen. Je schöner und geistreicher die Frau, desto stärker der Wunsch

Die schöne Emma Hamilton inspirierte viele zeitgenössische Künstler zu mythologischen Szenen. HENRY BONE (1755–1834): *LADY HAMILTON ALS BACCHANTIN, NACH ELISABETH VIGÉE-LEBRUN,* UM 1803

der Männer, sie auszuführen und mit ihr ins Bett zu gehen, um sich als erfolgreicher Mann von Welt zu profilieren.

Die Tändelei mit einer Mätresse galt schon immer als eines der unterhaltsamsten Verführungsspiele, denn im Bewusstsein, dass er – als ihr Wohltäter – nichts zu befürchten hat, kann der Mann dabei die ungeteilte Aufmerksamkeit der Auserwählten besonders genießen. Doch jedes Spiel birgt gewisse Risiken, und so gab es immer Frauen, die mehr sein wollten als schmückendes Beiwerk.

Im 17. Jahrhundert gelang der Chinesin Wu Zhao der Aufstieg von der kaiserlichen Konkubine zur Kaiserin. Als ihr Gemahl an Kinderlähmung erkrankte, übernahm sie die Regierungsgeschäfte und annektierte Korea. Nach dem Tod des Kaisers regierte sie das Land fünfzig Jahre allein. In Frankreich sonnte sich Madame de Pompadour im Glanz Ludwigs XV. Sie soll darüber bestimmt haben, wer zum König vorgelassen wurde, und war berüchtigt für ihren Einfluss auf die königliche Politik.

Wenn Mätressen in den Augen der Gesellschaft zu viel Macht erlangt haben, werden alte Ängste wieder wach, was häufig dazu führt, dass sich der Ruf der Verführerin gegen sie wendet. Auf diesem gefährlich schmalen Grat balancierten zwei berühmte Mätressen: Emma Hamilton, die Geliebte des Admirals Lord Horatio Nelson, und Lola Montez, die Mätresse König Ludwigs I. von Bayern.

Lady Emma Hamilton

Im 18. Jahrhundert hielten sich reiche, angesehene Männer eine Ehefrau, um den gesellschaftlichen Schein zu wahren, und eine Mätresse zu ihrem Vergnügen. Die Gesellschaft duldete solche Arrrangements und erwartete sie

sogar, sofern Diskretion gewahrt wurde. Die Mätresse war ein gehätscheltes Luxusgeschöpf, das seinem Gönner den Alltag versüßte und seinem Ego schmeichelte. Je erotischer ihre Ausstrahlung, desto größer sein Ansehen. Mit einer schönen Mätresse am Arm demonstrierte ein Mann seinen sozialen Status. Sie war sein Besitz. Und wenn sie dann nicht mehr ganz taufrisch war oder ihren Liebhaber nicht mehr interessierte, musste sie eben gehen – mit etwas Unterhaltsgeld oder ein paar Geschenken, in vielen Fällen aber auch mit leeren Händen.

Lady Emma Hamilton, die Mätresse des englischen Helden Lord Nelson, wurde 1765 in England geboren. Ihre Mutter war Witwe und verdiente ihr Brot als Näherin und Hausangestellte. Die kleine Emma wuchs unter der liebevollen Obhut der Großmutter auf und entwickelte sich zu einer ausgesprochenen Schönheit.

Über ihre Kindheit ist nicht viel bekannt. Ihr Name wurde aber schon früh mit dem anrüchigen Londoner Bade-Etablissement »Tempel des Asklepios« in Verbindung gebracht, wo man sich ganz der Jugend, Schönheit und Fruchtbarkeit widmete. Dort verkehrten vor allem Männer der Oberschicht, die eine Mätresse suchten. Emma soll dort als Hygieia, die griechische Göttin der Gesundheit, posiert haben. In transparente Schleier gehüllt, warb sie für die wohltuenden Eigenschaften der angebotenen Heilkuren.

Mit 16 Jahren wurde sie die Mätresse von Sir Harry Fetherstonhaugh und zog in sein herrschaftliches Anwesen Uppark in Sussex, wo sie vor seinen Freunden splitternackt auf dem Esstisch getanzt haben soll. Vielleicht hatte sie damit den Bogen überspannt. Als sie schwanger wurde, ging das Verhältnis mit Sir Harry jedenfalls zu Bruch. Er setzte Emma ohne einen Penny vor die Tür.

Ein ziemlich humorloser und knickeriger Freund von Sir Harry holte sie schon bald von der Straße und in sein Bett, und Emma, die weder einen Beruf noch eigenes Vermögen hatte, blieb bei ihm und beschloss, ihre schauspielerischen Fähigkeiten künftig gezielter einzusetzen. Um dem ehrwürdigen Charles Francis Greville zu gefallen, der 15 Jahre älter war als sie und noch älter aussah, musste sie ihr lebhaftes Temperament ständig zügeln. So lauschten sie eines Tages in der Rotunde eines Parks einem Konzert, als Emma sich spontan erhob und ein Lied anstimmte. Das überraschte Publikum klatschte Beifall, aber Greville war wütend auf sie. Zu Hause angekommen, eilte Emma sogleich auf ihr Zimmer. Da ihr Instinkt ihr sagte, dass sich die Wirkung von Worten durch gut gewählte Requisiten steigern lässt, zog sie schnell ihren einfachsten Kittel an, um Greville in diesem Büßerhemd auf Knien um Vergebung zu bitten.

In dieser Zeit begann Emma auch Modell zu stehen. Sie wurde die Muse des englischen Porträtmalers George Romney, den Emmas Natürlichkeit zu mythologischen Szenen inspirierte. Männer von höchstem Rang fühlten sich in ihrer Gegenwart wie neugeboren.

Nach vier Jahren beschloss Greville, durch eine standesgemäße Heirat zu Vermögen und Ansehen zu kommen. Praktisch bedeutete das, dass er seine junge Mätresse anderswo unterbringen musste. Er wandte sich an seinen Onkel, den britischen Gesandten in Neapel, Sir William Hamilton. Sir William war zwanzig Jahre älter als Greville, Junggeselle und Kunstsammler. Die beiden Männer einigten sich, dass Greville Emma zunächst sechs Monate »zur Probe« nach Neapel schicken sollte. Der ältliche Connaisseur schrieb in seiner Vorfreude: »Die Aussicht, einen solchen entzückenden Gegenstand unter meinem Dach zu haben, erfüllt mich schon im Voraus mit Freude.«

In ihrer Wut darüber, wie ein lebloser Gegenstand vom Neffen an den Onkel weitergereicht zu werden, schwor sich Emma, nicht Sir Williams Mätresse zu werden – sondern seine Ehefrau. Greville hielt diese Idee für absurd, Sir William auch. Welcher Mann würde den Skandal riskieren, eine Frau von Emmas Reputation zu heiraten?

Eines Tages jedoch begegnete Emma, als sie mit einer Freundin in einem Park spazieren ging, König Ferdinand von Neapel, einem Lebemann und Müßiggänger. Der König nahm sie beiseite und machte ihr ein Angebot, um das jede andere Frau sie beneidet hätte, doch die kluge Emma bat Ferdinand um einen schriftlichen Antrag. Der König reagierte verdutzt, tat ihr aber den Gefallen. Daraufhin ersuchte Emma die Königin um eine Audienz, übergab ihr das Papier, fiel vor ihr auf die Knie und bat sie um Beistand, damit ihr derart unanständige Angebote seitens wildfremder Herren künftig erspart blieben. Dabei ließ sie sich natürlich nicht anmerken, dass sie über die Identität des Verfassers Bescheid wusste. Sie ging aber – zu Recht – davon aus, dass die Königin die Handschrift ihres Gatten erkennen würde.

Königin Maria Carolina hatte mit ihrem Mann ein Abkommen getroffen: Sie regierte, und der König hatte das Recht, seinen Lastern zu frönen, solange er Diskretion übte. Dass er sich an die hübsche junge Mätresse des britischen Gesandten herangemacht hatte, ging nun wirklich zu weit. Die Königin gab Sir William zu verstehen, dass er im Falle seiner Eheschließung mit Emma darauf rechnen könne, dass sie seine junge Frau trotz ihrer Vergangenheit in die Gesellschaft einführen würde. Diese Andeutung und Emmas Überredungskünste sorgten schließlich dafür, dass Sir Willam seine Mätresse zum Traualtar führte.

Die so zu Ehrbarkeit und Ansehen gekommene Emma wurde in Neapel vor allem für ihre »Attitüden« berühmt, damals sehr populäre Darstellungen antiker Themen. Ein paar Draperien und ihr angeborenes mimisches Talent – mehr brauchte sie nicht, um regelrechte Gefühlsstürme bei ihrem Publikum hervorzurufen. Mal schlüpfte sie in die Rolle der Iphigenie, die der Göttin Artemis beinahe ihren Bruder Orest geopfert hätte, mal war sie Esther, die Xerxes um Gnade für ihr Volk bat, mal Medea, die ihre Kinder in Stücke riss.

Verglichen mit ihren Darbietungen im »Tempel des Asklepios«, war das ein großer Fortschritt. In London war sie vor Gaffern aufgetreten, während sie in Neapel die vornehmen Damen der Gesellschaft zu Tränen rührte. Selbst Goethe, der Ende der 1780er Jahre nach Neapel kam, zeigte sich beeindruckt: »Man schaut, was so viele tausend Künstler gerne geleistet hätten, hier ganz fertig in Bewegung und überraschender Abwechslung. (...) eins folgt aufs andere und aus dem andern. Sie weiß zu jedem Ausdruck die Falten des Schleiers zu wählen, zu wechseln, und macht sich hundert Arten von Kopfputz mit denselben Tüchern.« Emma genoss es, im Mittelpunkt zu stehen. Sie hatte einen wachen Verstand, lernte rasch Italienisch und fand sich sehr schnell in die komplizierten gesellschaftlichen Verhältnisse in Neapel. Bald genoss sie das Vertrauen der Königin und organisierte rauschende Feste.

Während Sir Williams Amtszeit führte England Krieg gegen Frankreich. In diesem Konflikt blieb Neapel neutral. Als der englische Admiral Horatio Nelson auf der Fahrt nach Ägypten einen Hafen suchte, um seine Vorräte aufzustocken, gelang es Emma, Königin Maria Carolina dazu zu bewegen, Nelson die Einfahrt in den Hafen zu gestatten. Später, als die Französische Revolution mit ihren Schrecken auf Neapel übergriff,

Um standesgemäß heiraten zu können, überließ Charles Greville seine Geliebte seinem schon recht betagten Onkel Sir William Hamilton. Diese Karikatur zeigt Sir William bei der Begutachtung einer Büste von Emma. Über ihm an der Wand hängt das Bild eines Vulkanausbruchs. JAMES GILLRAY (1757–1815): *EIN CONNAISSEUR IN BETRACHTUNG DER SCHÖNHEITEN DES ALTERTUMS*, 1801

organisierte Emma zusammen mit Nelson die Flucht der Königsfamilie auf englischen Schiffen nach Sizilien.

Während der Überfahrt zog ein heftiger Sturm auf. Sir William schloss sich in seiner Kabine ein und verkündete, sich lieber erschießen zu wollen, als in den Fluten umzukommen. Die Königin bekam einen hysterischen Anfall, und die Gouvernante wurde seekrank. Emma war überall gleichzeitig; sie sorgte für Pflege und Zuspruch, wenn es notwendig war, und kümmerte sich um den Benjamin der Familie, der sich unter schrecklichen Krämpfen wand und schließlich in ihren Armen starb. Greville hatte sich von einer Vagabundin bezaubern lassen, Sir William von der mütterlichen Pflegerin. Nelson sah in ihr die starke Frau, die die Ärmel hochkrempelt und sich in die Arbeit stürzt.

Nelson war verheiratet. Fanny, seine Ehefrau, war offenbar von eher kühler und zurückhaltender Natur. In Gesellschaft der spontanen, natürlichen Emma konnte der Admiral seinen Gefühlen freien Lauf lassen. Während sich die Korrespondenz mit seiner Frau auf den Austausch von Höflichkeiten beschränkte, richtete er an Emma Briefe voller Leidenschaft. Einmal schrieb er ihr, der Eroberer sei nun selbst erobert worden. Bis zu seinem Tod in der Schlacht bei Trafalgar 1815 blieb er ihr treu ergeben. Sein letzter Brief an sie, begonnen vor Ausbruch der Kämpfe, blieb unvollendet.

Nachdem Nelson die königliche Familie nach Sizilien gebracht hatte, segelte er nach Neapel zurück, um dort für Ordnung zu sorgen. Emma begleitete ihn als seine Privatsekretärin und Dolmetscherin. Mit seiner Grausamkeit gegenüber den Rebellen machte sich Nelson rasch unbeliebt, und Emma wurde entweder als leichtsinnige Kartenspielerin karikiert, die sein Geld verspielte, oder als Circe, die den edlen britischen Krieger in

ein Schwein verwandelt hatte. Dass sie auf einem mondänen Maskenball als nahezu unbekleidete Haremsdame erschien, dürfte ihre Kritiker nicht milder gestimmt haben. Sowohl Emma als auch Nelson waren erleichtert, als Sir William in den Ruhestand trat und beschloss, mit seiner Frau nach England zurückzukehren. Fortan konnten sie ihre Affäre auf heimatlichem Boden fortsetzen.

Da Emma sehr wohl wusste, dass sie ihren gesellschaftlichen Status allein ihrer Heirat mit Sir William verdankte, nahm sie Rücksicht auf die Gefühle ihres Gatten. So trat sie trotz ihrer Liaison mit Nelson weiter als Sir Williams Ehefrau auf. Sie ließen sich in London nieder und fuhren oft gemeinsam zu Nelsons Landsitz. Emma gefiel es, Nelsons Haus mit seinen militärischen Auszeichnungen zu dekorieren, aber sie sorgte auch dafür, dass der durch das Grundstück führende Fluss sauber gehalten wurde, damit ihr Mann ungehindert seiner Angelleidenschaft frönen konnte. Die Tochter, die sie Nelson gebar, wurde binnen einer Woche zu Pflegeeltern gegeben. Klein-Horatia sah ihre Mutter nur sehr selten – und nur dann, wenn Sir William nicht zu Hause war.

Auf Nelsons Landsitz gab Emma häufig üppige Festbankette für ihre Freunde aus der Stadt. Aber auch Angehörige seiner weit verzweigten Familie lud sie zu ausgedehnten Aufenthalten ein. Sie hatte sich an den Luxus gewöhnt: Zu Nelsons Bestürzung rann das Geld ihr wie Wasser durch die

Viviane

. . . . .

Die Artussage hat der unterschwellig stets bestehenden Angst, eine Mätresse könne sich über ihren Liebhaber erheben, in Merlin und seiner Schülerin Viviane unsterbliche Gestalt verliehen. Der Zauberer Merlin war der Berater von König Uther Pendragon und seinem Sohn Artus. Er galt als unbesiegbar, jedenfalls bis zu dem Tag, an dem er sich in die schöne Fee Viviane verliebte.

Begierig saugte sie alles auf, was sie von ihm lernen konnte. Merlin wusste, dass sie, wenn er ihr den entscheidenden Zauberspruch anvertrauen würde, sein Vertrauen missbrauchen würde. Trotzdem gab er ihren drängenden Bitten und Treueschwüren schließlich nach. Der englische Dichter Alfred Lord Tennyson versetzte sich in die Gedankenwelt des Zauberers: »Du / Schienst jene Welle, die zu brechen droht / Und mich von dieser Welt hinwegzuspül'n / Mein Werk und meinen Ruhm.«

Merlin offenbarte ihr seine Schwäche – und wartete. Und tatsächlich sagte sie den Zauberspruch auf, den er sie gelehrt hatte, und bannte ihn so für immer in eine Höhle. Warum ließ er sich von ihr besiegen? Auch darauf fand Tennyson eine Antwort: »Bei ihrem Druck begann das blasse Blut / Des Zaub'rers hell're Töne anzunehmen, / Wie der Opal sich mählig erst erwärmt.« Sie hatte seinen innersten Kern berührt und Gefühle in ihm erzeugt, von denen er kaum zu träumen gewagt hatte. Als ihre Wärme ihn erfüllte, gab es nichts Wichtigeres mehr für ihn als ihre Umarmung. Darin besteht die Gabe und die Macht der Verführerin.

Finger. Er mochte ein Kriegsheld sein, aber er war nicht reich. Als Sir William starb (Emma und Nelson saßen an seinem Sterbebett), hinterließ er seiner Frau nur eine kleine Rente, wohl in der Annahme, dass Nelson für sie sorgen werde. Zwei Jahre später starb auch Nelson, und Emma blieb fast mittellos zurück.

In ihrem letzten Lebensjahrzehnt verlor Emma den Drang, zu bezaubern. Obwohl sie noch hin und wieder einen ihrer rauschenden Bälle gab, hielten sich ihre früheren Freunde von ihr fern. Es fiel ihr nicht leicht, sich einzuschränken, immerhin hatte sie den größen Teil ihres Lebens in Saus und Braus gelebt. Wegen unbezahlter Schulden musste sie sogar eine Haftstrafe verbüßen, und ihre letzten Tage fristete sie in der nordfranzösischen Stadt Calais, wo sie schließlich dem Alkohol verfiel.

Lola Montez

Berlin im Sommer 1843. Ein heißer, staubiger Tag. Der König von Preußen lässt zu Ehren des gerade zu Gast weilenden russischen Zaren dreißigtausend Soldaten in nagelneuen Uniformen paradieren. Nur geladene Gäste haben Zugang zum Palastgelände, und die feurige spanische Tänzerin Lola Montez, die zurzeit auf den Berliner Bühnen zu sehen ist, gehört nicht dazu. Das hindert sie jedoch nicht daran, sich für diesen Anlass ein Rassepferd zu mieten und bei der nächstbesten Gelegenheit durch eine Lücke in der Absperrung auf das verbotene Gelände zu reiten.

Als ein Gendarm auf Lola zugeht und den Zügel ihres Pferdes ergreift, um es wegzuführen, knallt die Peitsche, er springt beiseite, und Lola dringt erneut in den Sperrbezirk ein. Wieder einmal hat sie einen Mann unmissverständlich in seine Schranken gewiesen. Ausgestattet mit Schönheit, Intel-

Eliza Gilbert wurde um 1820 in der irischen Stadt Limerick geboren. Zwanzig Jahre später verwandelte sie sich in die adlige spanische Tänzerin Lola Montez, der viele einflussreiche Männer in ganz Europa zu Füßen lagen.
GEORG DURY (O. D.): *LOLA MONTEZ*, 1848 (NACH EINEM PORTRÄT VON JOSEPH STELER, 1847)

ligenz und dunklen, feurigen Augen, hat sich die gebürtige Irin durch eiserne Disziplin und eine bemerkenswerte Verstellungsgabe eine spanische Identität erschaffen; die Frau lässt nicht mit sich spaßen.

Lola war schon als Kind sehr temperamentvoll. Einer ihrer Lehrer nannte sie »eine kleine Tigerin«. Bis zum Alter von sechs Jahren lief sie barfuß durch eine von berauschenden Farben, Klängen und Düften erfüllte Welt, denn ihr Vater, ein Angehöriger der britischen Armee, war in Nordindien stationiert. Dann wurde sie nach England geschickt, um dort zur Schule zu gehen. Obwohl sie rasch und gern lernte, vermochte die Schule ihre Neugier auf die weite Welt nicht zu stillen. Als sie 17 war, brannte sie mit einem 13 Jahre älteren Offizier durch – und landete erneut in einer Garnison in Indien.

Bald hatte Lola das reglementierte Leben in der Garnisonsstadt satt und überredete ihren Mann, sie nach England zurückkehren zu lassen. Während der langen Heimreise mit dem Schiff schockierte sie die Passagiere, indem sie in aller Öffentlichkeit mit einem Offizier anbändelte. Als sie in London von Bord ging, war ihr Ruf dahin. Ihr Mann ließ sich scheiden, ihr Liebhaber ließ sie sitzen, und sie war allein.

Doch Lola wusste inzwischen sehr gut, wie stark sie auf Männer wirkte. Sie beschloss, ihre Ausstrahlung weiter zu verfeinern, und nahm Tanzunterricht. War der Flamenco nicht geradezu ideal, um ihrem wilden Temperament Ausdruck zu verleihen? Nachdem sie ihren Verehrern genügend Geld abgeschmeichelt hatte, reiste sie zum Flamencotanzenlernen nach Andalusien. Bei ihrer Rückkehr nach England hatte sich die geschiedene Irin in die spanische Tänzerin Maria Dolores de Porris y Montez verwandelt, die fortan den Londoner Aristokraten den Kopf verdrehen sollte.

Ihr Debüt gab sie im renommierten Londoner »Her Majesty's Theatre«, wo sie ihr Publikum mit der unverhüllten Sinnlichkeit ihrer Tänze faszinierte. Ein späterer Kritiker charakterisierte ihren Tanz als »ein körperliches Herausfordern«, sie schreibe gewissermaßen »mit dem ganzen Körper Casanovas Memoiren«. Nach den ersten Bühnenerfolgen hatte Lola Feuer gefangen, und sie blieb der Bühne bis zu ihrem Tod treu. Ob als Tänzerin, Schauspielerin oder Vortragsrednerin: Mit ihrem Sexappeal und ihrer quecksilbrigen Vitalität zog sie das Publikum in Strömen an.

Da sie wusste, dass Erfolg auch auf dem Reiz des Neuen beruht, vermied sie es, allzu lange an einem Ort zu verweilen. Als ihre Vergangenheit sie einzuholen drohte, setzte sie sich auf den Kontinent ab. Nach der Berliner Episode mit dem Peitschenhieb tanzte sie in Polen (wo man sie als politische Unruhestifterin des Landes verwies) und in Russland (wo ebenfalls ein

Nachdem Lola Montez sich in Europa alle Sympathien verscherzt hatte, ging sie nach New York. Wenn Lola tanzt, so die Aussage dieser Zeichnung, gehen dem braven Zuschauer die Augen über, und der Intendant freut sich über seinen Vertrag, der ihm die Hälfte der Einnahmen sichert.
DAVID CLAYPOLE JOHNSTON (1799–1865), *LOLA HAS COME!* O. D.

eiliger Abgang nötig wurde). Sie hatte ein leidenschaftliches Intermezzo mit Franz Liszt (der sie als das bezauberndste Geschöpf der Welt bezeichnete) und eine tragische Affäre mit einem Pariser Journalisten, der bei einem Duell getötet wurde; sie trat in Bonn auf, das sie wegen skandalösen Betragens bald verlassen musste, und tanzte sich 1847, mit 27 Jahren, direkt in die Arme des biederen sechzigjährigen bayerischen Königs Ludwig I. Nach seiner ersten Begegnung mit Lola – die ihre Biografie vorher entsprechend frisiert hatte – schrieb Ludwig an seinen Freund, den Freiherrn von der Thann: »Ich kann mich mit dem Vesuv vergleichen, der für erloschen galt, bis er plötzlich ausbrach. Ich glaubte, ich könne nicht mehr der Liebe Leidenschaften fühlen, hielt mein Herz für ausgebrannt. Aber nicht wie ein Mann mit vierzig Jahren, wie ein Jüngling von zwanzig.«

Ludwig genoss den erotischen Zusammenprall. Lola gab ihm ihre getragenen Leibwickel, die er sich verzückt unter die Nase hielt, um ihre Ausdünstungen einzuatmen. Er war vernarrt in ihre winzigen Tanzfüßchen und pflegte an ihren (ungewaschenen) Zehen zu nuckeln. Meist jedoch hielt sie ihn geschickt auf Distanz, sodass er sich vor Sehnsucht nach ihr verzehrte.

Sie ließ sich in München nieder und gab das Geld des Königs mit vollen Händen aus. Die königlichen Minister reagierten verärgert auf Lolas recht offen ausgelebte Schwäche für jüngere Liebhaber und ihre Versuche, sich in politische Angelegenheiten einzumischen. Eine Gruppe feuriger studentischer Verehrer sorgte eines Nachts für einen Skandal, als Lola durch einen Zusammenstoß mit einem Kronleuchter k. o. ging: Die Studenten sollen sich nach einem feuchtfröhlichen Gelage bis auf die Unterwäsche ausgezogen und ihre Angebetete dann im Triumph durch das ganze Haus getragen haben – ohne auf den tief herabhängenden Kronleuchter zu achten.

Lola Montez begeisterte ihr Publikum – nicht nur auf der Bühne. Für Franz Liszt war sie »das Genie der Anmut und der Liebe«, und der russische Offizier, der sie nach ihrer Ausweisung bis zur Grenze eskortierte, sah in ihr die »personifizierte Vollendung«. LOLA MONTEZ ALS MARIQUITA IN DEM BALLETT *DER KARNEVAL VON SEVILLA,* ZWISCHEN 1889 UND 1920(?)

Doch der mächtige Ludwig liebte eigensinnige Frauen. Lola ließ sich weder von Obrigkeiten noch von feindseligen Menschenmengen einschüchtern, sie sah darin eher Herausforderungen an ihre kämpferische Natur. Nach einem heftigen Streit soll sie Ludwig einmal unter wüsten Beschimpfungen aus ihrem Haus gejagt haben. Und als einst eine aufgebrachte Menschenmenge – mit ihrer anmaßenden Art hatte sie sich nicht nur Freunde gemacht – ihre Villa in München belagerte, erschien sie auf dem Balkon, schwang ein Messer und prostete der Menge mit Champagner zu. Natürlich flogen anschließend Steine. Ein Augenzeuge urteilte: »Schön war sie trotz ihrer Wut.«

Als Ludwig sich weigerte, seine Geliebte des Landes zu verweisen, und ihr stattdessen einen Adelstitel verlieh, entzogen die Bayern ihrem König das Vertrauen. Aus Protest gegen Lolas politische Einflussnahme trat das Kabinett 1847 geschlossen zurück, und als Ludwigs Thron 1848 infolge des kochenden Volkszorns zu wackeln begann, zog der König es vor, abzudanken, statt seine Geliebte zu verraten. Lola musste die Stadt verlassen. »Die Du zu meinem Unglück bist geboren«, klagte der König in einem seiner vielen Lola gewidmeten Gedichte, »Du warst ein ganz verblendend, sengend Licht!«

Ludwig wollte ihr nachreisen, doch mit Lolas Abzug aus München kühlte das Verhältnis deutlich ab. Nach einer ungesetzlichen zweiten Heirat in London (sie durfte sich zu Lebzeiten ihres Exgatten nicht neu verheiraten) tourte sie, nun als Schauspielerin, durch Nordamerika und Australien. Nach einer dieser Vorstellungen schrieb ein Kritiker: »Bisher konnten wir nicht begreifen, wie es ihr möglich war, so unumschränkt Einfluss auf König Ludwig zu erlangen, der doch sonst nicht eben zahm oder gefügig gewesen. Jetzt, da sie uns ihr Hexenwerk auf der Bühne vorgeführt, glauben wir gern, dass der arme Ludwig nicht widerstehen konnte.« Später übte sich Lola Montez auch als Vortragsrednerin. Sie wählte Themen, mit denen sie sich bestens auskannte: Liebe, Schönheit, Mode, Galanterie und mutige Frauen. Nicht so sehr das, was sie sagte, schlug die Zuhörer in ihren Bann, sondern die Art, wie sie es sagte. Sie würzte ihren Vortrag mit geistreichen, witzigen Kommentaren, die sie mit einer »wundervoll melodiösen« Stimme vortrug.

Im Sommer 1860, mit Anfang vierzig, erlitt sie einen schweren Schlaganfall. Im Dezember konnte sie mit Hilfe eines Gehstocks wieder laufen. Sie schien schon auf dem Weg zur völligen Genesung, als sie am 17. Januar 1861 überraschend starb. Die Beisetzung fand auf einem kleinen Friedhof in Brooklyn statt. Ihr alter Liebhaber, Ludwig von Bayern, trauerte um sie. Obwohl Lola ihm so viel Kummer bereitet hatte, konnte er sie nie vergessen.

MÄTRESSEN SIND IMMER DANN EN VOGUE, wenn eine Gesellschaft sich in stabiler patriarchaler Verfassung befindet. Solange eine ausgehaltene Frau ihre abhängige Situation akzeptiert, betrachtet man sie als eine Art luxuriöses Accessoire ihres Wohltäters. Stellt sie ihren Status aber in Frage, wird sie zur gefährlichen Verführerin, zu einer Hexe, die den ansonsten so rechtschaffenen Mann in ihren Netzen gefangen hat. Ihre Zukunft hängt von der öffentlichen Meinung ab, und sollte ihr Liebhaber eines Tages sterben oder ihrer überdrüssig werden, steht alles auf dem Spiel, was sie sich erarbeitet hat.

Mata Hari war ein echter Publikumsmagnet. Ein Zeitzeuge erinnert sich: »Falls es möglich ist, dass eine Schlange sich des Körpers einer Frau bemächtigt, dann bin ich Zeuge dieses Wunders geworden. Geschmeidig wie eine Schlange zog die Tänzerin Mata Hari ihre gewundenen, kreisenden, kriechenden, zuckenden Bahnen über das Oval der Bühne.«
MATA HARI, O. D.

Kapitel 5

Die Spionin

Lord Nelson stand zu seiner Emma, als die englischen Karikaturisten sie mit Hohn und Spott übergossen. Ludwig I. von Bayern gab lieber seinen Thron auf, als auf Lola Montez zu verzichten. Beide Frauen hatten Männer gefunden, die ihnen Schutz und materielle Sicherheit boten, und beide waren stark und verführerisch genug, um diese Männer allen Widrigkeiten zum Trotz zu halten. Es gab jedoch auch Frauen, die von ihrer Schönheit lebten und dennoch eine eigenständige (und damit ungeschützte) Existenz führten: Kurtisanen z. B. – hochklassige Prostituierte, die in den höchsten Kreisen der Gesellschaft verkehrten und sich von mehreren Freiern gleichzeitig aushalten ließen.

Ende des 19. Jahrhunderts traten viele Verführerinnen dieses Typs als Schauspielerinnen und Tänzerinnen ins Rampenlicht der Öffentlichkeit. Bis zum Ersten Weltkrieg machten sie mit ihren schillernden, aufreizend lasziven Darbietungen vor allem auf den Bühnen der Pariser Varietétheater Furore.

Salome inspirierte die Künstler des Fin de Siècle. Mal wurde sie als jung und frivol, mal als reif und erfahren oder als gerissen und dämonisch dargestellt. Auf diesem Bild ist sie noch ein Kind; aber der abgeschlagene Kopf im Vordergrund ist ein Beweis für das Böse, das in ihr schlummert. ÉDOUARD TOUDOUZE (1848–1907): *SALOMÉ TRIOMPHANT*, 1886

Salome

In den »Folies-Bergère« und im »Moulin Rouge« warfen die Tänzerinnen die Beine so energisch in die Luft, dass ihre Dessous unter den Petticoats hervorblitzten. Der Maler Toulouse-Lautrec hielt viele Szenen dieser Art für die Nachwelt fest, so auch das legendäre Lichtballett der amerikanischen Tänzerin Loïe Fuller, die, in seidene Schleier gehüllt und von einer Wolke aphrodisischer Düfte umgeben, über die Bühne wirbelte. Die Männer lehnten sich genüsslich zurück und hofften, den Augenschmaus schon bald in intimerem Rahmen genießen zu können.

Doch selbst das strahlende Scheinwerferlicht vermochte die tief sitzenden Ängste der Männer nicht ganz zu zerstreuen. 1896 wurde in Paris Oscar Wildes Einakter *Salome* in französischer Sprache uraufgeführt; in England war das Stück 1893 wegen seiner unverhüllt erotischen Thematik verboten worden. Wildes Bearbeitung des biblischen Stoffes traf den Nerv der Zeit, denn je kämpferischer sich die europäische Frauenrechtsbewegung gab, desto hektischer mühten sich Europas Männer, prägnante historische Beispiele für die von den Frauen ausgehende Bedrohung zu finden. Salome wurde schnell zum Urmodell einer Verführerin, die den Mann im wahrsten Sinne des Wortes um Kopf und Kragen bringt.

1886 malte der Franzose Édouard Toudouze das Bild *Salomé triomphant*. Ein etwa zwölfjähriges Mädchen räkelt sich, die Beine leicht gespreizt, träge auf einem luxuriösen Tigerfell. Am rechten Fußgelenk trägt sie einen Schmuckreifen, der fast zu schwer scheint für ihren zarten Körper. Ein üppiger Blütenkranz krönt ihr Haupt, kostbare Ringe und Armbänder zieren Finger und Unterarme. Ihre Kleidung zeigt mehr, als sie verhüllt: Der transparente Gazestoff ihres Rocks fließt in langen Bahnen zwischen den bloßen

In seinen Illustrationen zu Oscar Wildes Einakter *Salome* betonte der Jugendstilkünstler Aubrey Beardsley die dämonische Seite der Verführerin. AUBREY BEARDSLEY (1872–1898): *THE CLIMAX*, UM 1893

Schenkeln nach unten, und hinter ihrem aufgestützten linken Arm ahnt man den Ansatz ihrer Brust.

Dies ist keine üppige Schönheit, sondern ein kleines Mädchen, das sich verkleidet hat, doch ihr Blick und die gezierte Pose, mit der sie die Hand an die Lippen führt, offenbaren einen frühreifen Zug. Diese Salome hat die Gier in den Augen ihres Stiefvaters Herodes sehr wohl bemerkt. Und sie spielt mit ihrer neuen Macht, sie dreht und wendet sie wie ein Spielzeug, das es in all seinen Facetten zu erforschen gilt. Gleich einem glitzernden, schmeichelnden Stein liegt es in ihrer Hand. Für sie geht es um ein erotisches Augenspiel, einen Tanz, der ein Verlangen wecken soll, das nach Erfüllung strebt, wenn sie von der Bühne abtritt.

In den ersten Szenen von Wildes Stück ist Salomes Mutter Herodias mit den Vorbereitungen zu einem Fest beschäftigt, auf dem Salome tanzen soll. Zur gleichen Zeit liegt der von den aufrührerischen Zeloten verehrte Prediger Johannes der Täufer gefangen in einem Verlies des Palastes. Während der römische Statthalter Herodes Antipas den festen Glauben und die Grundsätze dieses Gefangenen bewundert, hasst seine Frau Herodias den Täufer, weil er ihre Ehe (Herodes ist der Bruder ihres noch lebenden ersten Mannes) für unrechtmäßig erklärt hat.

Die Ausführung des Schleiertanzes der Salome hat Wilde der Improvisationskunst der jeweiligen Tänzerin überlassen. Der Illustrator der Druckfassung, Aubrey Beardsley, zeichnete eine laszive, kurvenreiche Salome, die im Begriff scheint, mit ihrem »Bauchtanz« zu beginnen. Als das Salome-Fieber auf den nordamerikanischen Kontinent übergriff, bebten die Vaudeville-Bühnen unter den erotischen Bauchtänzen einer gewissen Little Egypt, die anlässlich der Weltausstellung in Chicago 1893 erstmals öffentlich auf-

trat. Bei der New Yorker Premiere der auf Wildes Stück basierenden Strauss-Oper *Salome* 1907 sorgte der verführerische Schleiertanz der Salome für Begeisterungsstürme. Im Spätsommer 1908 traten in New York sage und schreibe 24 Salomes auf, in deren Tänzen sich bereits die Varieté- und Striptease-Kunst der 1930er und 1940er Jahre ankündigte.

Wohl kaum etwas fesselt Männer so sehr wie der Striptease, gleichgültig, ob er im Halbdunkel eines verräucherten Nachtlokals oder in einem intimeren Rahmen stattfindet. Alles, was zählt, sind die Konturen des weiblichen Körpers und die mit Spannung erwartete Enthüllung von immer mehr nackter Haut. Musik und Choreografie erzeugen einen abgezirkelten Raum fern der Wirklichkeit, den sich die Tänzerin mit jedem abgestreiften Kleidungsstück Stück um Stück erobert.

Während Wildes Salome ihr junges, festes Fleisch Schleier für Schleier freilegt, stellt Herodes sich vor, wie er ihren sich wiegenden Körper mit seinen Lippen liebkost und die Süße ihrer Haut auf der Zunge schmeckt. Als sie sein Verlangen tanzend immer weiter anfacht, verspricht er, ihr einen Wunsch zu erfüllen. Was konnte sie schon verlangen, das er nicht würde beschaffen können? Schnell flüstert Herodias ihrer Tochter ins Ohr, sie solle den Kopf von Johannes dem Täufer fordern. Herodes verschlägt es die Sprache, aber er muss sein Wort halten.

Auf dem Gemälde von Toudouze liegt der blutige Kopf des Täufers auf einem silbernen Tablett im Bildvordergrund. Salome, die sich der Tragweite ihres grausamen Wunsches nicht bewusst ist, würdigt ihre Trophäe keines Blickes. Ihre ganze Aufmerksamkeit gilt dem Betrachter, in dem sie ein neues Opfer ihrer Verführungskünste gefunden zu haben glaubt.

Mata Hari

Im 19. Jahrhundert ging es mit der männlichen Selbstherrlichkeit bergab. Die fortschreitende Industrialisierung hatte bewiesen, wie schnell man zu Geld kommen – und es wieder verlieren – konnte. Das alte System ächzte in allen Fugen, gewohnte Hierarchien brachen zusammen. Wenn jeder Krämer Millionär werden und jeder Adlige am Bettelstab enden konnte, relativierte sich auch der Wert der Männlichkeit.

Die neuen ökonomischen Verhältnisse führten zu einer beispiellosen Solidarität unter den Frauen, die sich organisierten, um für ihre Rechte zu kämpfen. 1792 war Mary Wollstonecraft mit ihrer Streitschrift *A Vindication of the Rights of Women* an die Öffentlichkeit getreten. 1848 fassten die Teilnehmerinnen des Frauenrechtskongresses in Seneca Falls im Staat New York ihre Grundsätze in einer *Declaration of Sentiments* zusammen, in der es hieß: »(. . .) weil die Frauen sich beleidigt, unterdrückt und betrügerischerweise ihrer heiligsten Rechte beraubt fühlen, bestehen wir darauf, dass sie sofort zu allen Rechten und Privilegien zugelassen werden, die ihnen als Bürger der Vereinigten Staaten zustehen.« Eine ihrer Forderungen galt dem Wahlrecht. Fünfzig Jahre später warfen sich die britischen Suffragetten vor die Hufe der Polizeipferde und ließen sich an die Zäune des Buckingham Palace ketten, um dieser Forderung Nachdruck zu verleihen.

Zwei Frauenbilder prallten aufeinander: Das eine entsprach den männlichen Wünschen (keusch, sittsam, häuslich), das andere den männlichen Ängsten (unersättlich, dämonisch, mörderisch). Würden die Frauen, wenn man sie sich selbst überließ, künftig allesamt wie Salome die Hüllen fallen lassen, um ihre unsäglichen Forderungen durchzusetzen?

In ihrer Nervosität nahmen die Männer Zuflucht zur Heiligen Schrift und

Delila

Der französische Künstler Paul-Albert Rouffio malte 1894 seine Version von *Samson und Delila.* Der nackte athletische Körper des schlafenden Samson beherrscht den Vordergrund. Der zurückgeneigte Kopf liegt in Delilas Schoß, die Kehle ist frei und ungeschützt, das dunkle, lockige Haar wallt über Delilas nackte Schenkel. Samson befindet sich offensichtlich noch im Zustand absoluter Hingabe, er scheint den letzten Wellen seiner Lust nachzuspüren. Delila, die den Wein ihres Muskelmanns mit einem Schlafmittel versetzt hat, greift über den Kopf ihres besinnungslosen Liebhabers hinweg nach der Schere.

Delila sollte im Auftrag der Philister das Geheimnis von Samsons Stärke ergründen. Das war schwieriger als gedacht, aber zuletzt gelang es ihr doch. Zunächst hatte er sie nur geneckt und auf ihre Fragen mit immer neuen Ausflüchten geantwortet. Erst als sie ihm mit Liebesentzug gedroht hatte, hatte er ihr verraten, dass seine Haare die Quelle seiner übermenschlichen Kräfte waren.

Also schnitt Delila dem bewusstlosen Samson die Locken ab und lieferte ihn seinen Feinden aus. Die Philister stachen ihm die Augen aus und legten ihn in Ketten. Um mit ihrer Beute zu prahlen, ließen sie ihn zur Volksbelustigung in einen Tempel bringen. Ein Knabe führte Samson auf seine Bitte hin genau zwischen zwei Marmorsäulen. An den kühlen Stein gelehnt, rief Samson seinen Gott um Hilfe an und drückte dann mit aller Kraft beide Arme seitlich gegen die Säulen, bis der Tempel einstürzte. Samson konnte sich also immerhin rächen. Delila hingegen muss vor allem in Kriegs- und Notzeiten immer noch als Urbild der tückischen Verräterin herhalten, wenn es gilt, Männern die zerstörerische Macht der Frauen in Erinnerung zu rufen.

suchten darin nach Beweisen für ihre schlimmsten Befürchtungen: Da gab es eine Frau wie Judith, die dem schlafenden Holofernes den Kopf abschlug; oder Delila, die dem schlafenden Samson sein Haar und damit seine Stärke raubte, um ihn anschließend an die Philister auszuliefern. Den Griechen war es kaum besser ergangen: Hatte nicht Helena den Trojanischen Krieg ausgelöst? Auch die englischen Sagen kannten Verräterinnen: Die hinterlistige Fee Morgana hatte König Artus getäuscht, Viviane ihren Meister Merlin in eine Höhle gesperrt, Meerjungfrauen hatten Schiffer in den Tod gelockt – lauter bedrohliche Frauengestalten, die Präraffaeliten und Symbolisten wieder und wieder malten. Viele Männer aber fragten sich, ob ihre Visionen eher der Vergangenheit oder der Zukunft entstammten.

In dieser Untergangsstimmung der Jahrhundertwende wuchs in einem gutbürgerlichen Haushalt im niederländischen Leeuwarden eine junge Frau heran, die beschlossen hatte, sich mit Hilfe ihres prachtvollen Körpers und ihres exotischen Aussehens ein unabhängiges Leben aufzubauen. Ihr Name war Margaretha Geertruida Zelle. Später sollte sie sich Mata Hari nennen. Als Margaretha 13 Jahre alt war, ging ihr Vater bankrott und verließ die Familie. Ein Jahr später starb ihre Mutter, und Margaretha war auf sich allein gestellt. Mit 15 musste sie wegen einer Liaison mit dem Schuldirektor ihre Ausbildung zur Vorschullehrerin abbrechen. Drei Jahre später antwortete sie auf eine Kontaktanzeige des niederländischen Armeeoffiziers Rudolph MacLeod – und schlug den 39-Jährigen mit ihrer sinnlich-exotischen Schönheit prompt in den Bann. Abenteuerlustig und risikofreudig, wie sie war, heiratete sie ihn nur vier Monate später.

Als sich MacLeods ausgedehnter Heimaturlaub dem Ende zuneigte, zog er mit seiner Frau und ihrem neugeborenen Sohn in den feuchten

Dschungel von Niederländisch-Indien, wo seine Truppe stationiert war. Keine gute Entscheidung, wie sich herausstellen sollte: Die Verführungskünste, die MacLeod an seiner Geliebten so geschätzt hatte, hasste er an seiner Frau. Er trank und wurde gewalttätig. Er befahl Margaretha, das Haus zu hüten und sich ausschließlich um den Sohn und die neugeborene Tochter zu kümmern. Trotzdem erregte ihre dunkle, feurige Schönheit immer wieder die Bewunderung der jungen Offiziere. Die Ehe scheiterte endgültig, als einer der Soldaten aus Wut über den herrischen MacLeod die Kinder des Paares zu vergiften versuchte. Der Sohn starb, die kleine Non überlebte.

Zu Margarethas Erleichterung wurde MacLeod nach Holland zurückversetzt. Kaum hatten sie holländischen Boden betreten, reichte sie die Scheidung ein. Mit 26 Jahren wagte sie, was nur sehr wenige ihrer Zeitgenossinnen sich zutrauten: ein eigenständiges Leben zu führen. Umgehend beantragte der wutentbrannte MacLeod das Sorgerecht. Margaretha sah ihre Tochter nie wieder.

Mittellos und ohne Ausbildung, begann Margaretha ihre Karriere als Tänzerin. Sie schöpfte aus dem Fundus der javanesischen Kultur und schuf sich eine neue Identität als Tempeltänzerin Mata Hari; der malaysische Name bedeutet »Auge der Morgendämmerung«. Die europäische Hautevolee war zu jener Zeit geradezu verrückt nach allem, was aus dem Fernen Osten kam, und Mata Hari verlieh diesen Fantasien Gestalt. Ein Zeitzeuge schrieb, ihre Auftritte vermittelten »die ewige Sehnsucht nach etwas, das wir nicht kennen, dargeboten einem Jemand, den wir nicht kennen«, und Frances Keyzer berichtete in der Londoner Zeitschrift *The King*:

> Ich hatte von einer Frau asiatischer Herkunft gehört, die, in Java geboren und mit einem britischen Offizier verheiratet, nach Europa gekommen sei, um, verführerisch duftend und reich geschmückt, unsere übersättigte europäische Gesellschaft mit den Farben und der Wärme des Orients zu berauschen, mit tanzenden Schleierwirbeln, mit einem wilden Ausbruch des Lebens, das sich frei und ungestüm Bahn bricht gleich der ungezähmten Natur.

Mata Hari debütierte 1905 in einem mondänen Pariser Salon. Zu fernöstlicher Musik entledigte sie sich nach und nach aller ihrer Schleier, um sich dann, nur mit einem hautfarbenen Trikot und zwei juwelenbesetzten Brustplatten bedeckt, vor einem Götzenbild auf die Knie zu werfen. Für eine Frau war es schon unüblich, sich in ihrem eigenen Schlafzimmer derart zur Schau zu stellen; dies in aller Öffentlichkeit zu tun kam einer Sensation gleich. Da Mata Hari jedoch sorgfältig darauf achtete, bestimmte Grenzen nicht zu überschreiten, wurde ihre Darbietung nicht als anstößig, sondern als geschmackvolle Interpretation einer fremden Kultur empfunden.

Nach diesem erfolgreichen Debüt engagierte sie das Pariser Museum für Asiatische Kunst, was ihren Tänzen gewissermaßen ein wissenschaftliches Gütesiegel verlieh. Noch bevor das Jahr zu Ende ging, hatte sie die Pariser Theaterwelt im Sturm erobert. In den folgenden zehn Jahren tourte sie durch Europa, um ihren Bewunderern die Mysterien Asiens zu enthüllen; sie trat u. a. an der Oper von Monte Carlo, in der Mailänder Scala und in der Kunsthalle der Wiener Secessionisten auf.

Wenn sie nicht auf der Bühne stand, gab sie Interviews, mit denen sie weiter an ihrer eigenen Legende webte. Die westliche Welt, die so viele grausame Geschichten über Kleopatra, die mörderische »Andere«, erdacht

Die kunstvoll mit Perlen verzierten Brustplatten, die zu Mata Haris Kostüm gehörten, waren Ende der 1880er Jahre sehr en vogue Es ging das Gerücht, sie verberge ihre Brüste sogar vor ihren Liebhabern, seit ihr gewalttätiger Ehemann ihr die Brustwarzen abgebissen habe. MATA HARI ALS POSTKARTENMOTIV, FRÜHES 20. JAHRHUNDERT

hatte, stürzte sich begierig auf Mata Haris Märchen aus einem sonnenverwöhnten Land, in dem Frauen, die ihre Sexualität auslebten, die Peitsche riskierten. Mata Hari verstand es, geschickt mit sexuellen Tabus zu spielen, und das Publikum dankte es ihr.

Als sie sich dem vierzigsten Lebensjahr näherte, begann ihr Stern zu sinken. Mehr und mehr war sie auf die Freigebigkeit ihrer Wohltäter angewiesen. Kurtisanen waren in Paris durchaus angesehen und häufig sehr einflussreich. Indem sie sich unter sie mischte, konnte Mata Hari ihren Lebensunterhalt bestreiten, ohne ihre Unabhängigkeit opfern zu müssen. So eroberte sie während des Ersten Weltkriegs mit ungebrochener Vitalität hochrangige Militärs aus aller Herren Länder. Zu ihren Liebhabern gehörten der französische Kriegsminister General Messimy, der Berliner Polizeipräsident Griebel, der österreichische Kavallerieoffizier Baron Freci Lazarini und der deutsche Kronprinz.

Als der Krieg ausbrach, hielt sich Mata Hari gerade in Berlin auf. Da sie als französische Staatsbürgerin galt, musste sie Deutschland umgehend verlassen, und ein Teil ihres Vermögens wurde beschlagnahmt. Sie rettete sich nach Holland und langweilte sich dort schon bald zu Tode. Ständig dachte sie an ihr geliebtes Paris, dem sie ihre größten Triumphe verdankte. Kriegsbedingt musste sie, um nach Frankreich zu gelangen, über England einreisen. Da die Briten sie zu diesem Zeitpunkt bereits der Spionage für Deutschland verdächtigten, wurde sie verhaftet und nach Holland ausgewiesen. 1916 gelang es ihr schließlich, über Madrid nach Paris zu reisen. Da der britische Geheimdienst ihr immer noch auf den Fersen war, erhielt sie zunächst keine Einreisegenehmigung und war gezwungen, ihre Beziehungen spielen zu lassen.

Auf Anraten der Briten ordnete der französische Geheimdienstchef Hauptmann Georges Ladoux im Sommer 1916 ihre Beschattung an, die, abgesehen von der Bestätigung der Vermutung, dass Mata Hari tatsächlich Beziehungen zu zahlreichen ranghohen Offizieren verschiedener Nationen unterhielt, wenig Erkenntnisse brachte.

Schließlich verliebte sich Mata Hari in den blutjungen russischen Offizier Vladimir de Masloff. Sie »wäre für ihn durchs Feuer gegangen«, schwor sie später. Um ein neues Leben beginnen zu können, brauchte sie Geld – viel Geld. Ladoux sah seine Chance gekommen. Er schlug ihr vor, durch Arbeit für den französischen Geheimdienst Geld zu verdienen.

Mata Hari willigte ein und unterbreitete ihm einen kühnen Plan. Sie würde sich in Belgien an den deutschen General Moritz Ferdinand von Bissing heranmachen und versuchen, über ihn in den Dunstkreis des Kronprinzen vorzudringen. Ganz erfüllt von ihrer neuen Mission, bat sie Ladoux auf dem Postweg noch um einen Vorschuss für ihre Garderobe und brach dann nach England auf, um von dort aus nach Belgien einzureisen.

In England wurde sie erneut festgehalten. Sir Basil Thomson, der Londoner Chef von Scotland Yard, erinnerte sich später an das angenehme Gespräch mit ihr und sagte aus, sie habe ihn mit ihrer Intelligenz beeindruckt. Mata Hari plauderte über ihre angebliche asiatische Herkunft und gab sich als Agentin der Alliierten aus. Als Thomson daraufhin mit Ladoux Rücksprache hielt, bestritt dieser, irgendetwas mit Mata Haris Aktivitäten zu tun zu haben, und riet ihm, er solle sie zurück nach Spanien schicken. Vielleicht hoffte er, dass sie dort, sollte sie tatsächlich auch im Auftrag der Deutschen spionieren, schnell auffliegen würde. Kurzum, Thomson untersagte Mata Hari die Weiterreise in die Niederlande und schickte sie samt ihren zehn Koffern nach Spanien.

Mata Hari ließ sich durch diesen Rückschlag nicht beirren. Sie wollte und brauchte die versprochene Belohnung aus Frankreich, also konzentrierte sie sich auf die Aufgabe, den deutschen Gesandten in Madrid, Major Arnold von Kalle, zu verführen. Es war kinderleicht. Sie fand seinen Namen im Telefonbuch, ersuchte um einen Termin und kam zur Sache. Ihr Vorgehen beschrieb sie später mit gespielter Unschuld so: »Ich habe nur getan, was jede andere Frau an meiner Stelle auch getan hätte, um einen Mann zu erobern. Es dauerte nicht lange, und von Kalle war mein.«

Zu ihrem Pech hatte von Kalle jedoch Verdacht geschöpft und schickte eine verschlüsselte Botschaft nach Deutschland, wobei er bewusst einen Geheimcode wählte, den die Alliierten bereits geknackt hatten. Sollte Mata Hari tatsächlich für Frankreich spionieren, würde sie nun in den Verdacht der Doppelspionage geraten. Die Rechnung ging auf. Eine Spionin kam den Franzosen gerade recht, um die zerrüttete Kriegsmoral zu heben. Mata Hari kam hinter Gitter. Die Amateurspionin, Kurtisane und Tänzerin war völlig fassungslos; schließlich hatte sie im Auftrag des französischen Geheimdienstes gehandelt. Doch Frankreich brauchte einen Sündenbock, und Mata Hari eignete sich dazu perfekt.

Ihre starke erotische Ausstrahlung und ihr empörend unabhängiges Leben machten sie zu einer dieser gefährlichen Frauen, an denen ein Exempel statuiert werden musste. Zu Beginn des 20. Jahrhunderts hatte sich die Bühne für viele Frauen als Sprungbrett in die Freiheit erwiesen. Als der Krieg ausbrach und viele Schauspielerinnen und Tänzerinnen zwang, sich als Mätressen und Kurtisanen zu verdingen, galten sie plötzlich als gefährliche subversive Elemente. Bühnenstars, denen die Männer einst zu Füßen lagen, wurden nun staatsfeindlicher Umtriebe verdächtigt, lebten sie doch nach eigenen Gesetzen und erschlichen sich obendrein das Vertrauen hochrangiger Männer, die ihnen ihr Innerstes offenbarten. Eine Frau, die mit Männern schlief, um an Geld zu kommen, schlief sicher auch mit Männern, um sie auszuspionieren. Je stärker ihre erotische Aura, desto größer die Gefahr, die von ihr ausging. Und Mata Hari, die praktisch alle Grenzen überschritten hatte, war die Erotik in Person. Man musste ihr unbedingt das Handwerk legen.

Am 13. Februar 1917 wurde Mata Hari in das Frauengefängnis Saint-Lazare eingeliefert. Als Tänzerin hatte sie häufig Anleihen bei berühmten

Verführerinnen der Geschichte gemacht, etwa bei Kleopatra. Jetzt wurden ihr diese sorgfältig gepflegten Assoziationen an das fremde, gefährliche »Andere« zum Verhängnis. Die dunkelhäutige Mata Hari wurde zum Feindbild der Nation stilisiert. Leutnant André Mornet, Vertreter der Anklage beim Dritten Kriegsgericht in Frankreich, erging sich u. a. in folgenden Anschuldigungen:

> Die Zelle-Dame war für uns eine jener »internationalen Frauen« – wobei ich betonen möchte, dass sie sich selbst so bezeichnet hat –, die seit Beginn der Kampfhandlungen zu einer Bedrohung für uns geworden sind. Die Leichtigkeit, mit der sie sich mehrerer Sprachen bedient, vor allem des Französischen, ihre zahllosen Beziehungen, ihr Scharfsinn, ihre Selbstsicherheit, ihre bemerkenswerte Intelligenz und ihre Unmoral, sei sie nun angeboren oder erworben, all das hat unseren Verdacht gegen sie bestärkt.

Die Presse zog sogleich Parallelen zwischen Mata Hari und den dämonischen Frauen, deren Abbilder seit einem halben Jahrhundert die Museen bevölkerten und die die Schriftsteller inspirierten. Kommentatoren beschrieben sie als »finstere Salome, die unter den Augen des deutschen Herodes mit den Köpfen unserer Soldaten spielt«. Von da war es nur ein winziger Schritt zu Delila, einer Frau, die ebenfalls nur zu genau wusste, wie man Männern ihre intimsten Geheimnisse entreißt. Und natürlich wurde auch ihr offener Umgang mit Sexualität als Beweis für ihre Bereitschaft zum Verrat herangezogen.

Der deutsche Meisterspion Gustav Steinhauer behauptete, weibliche Spione hätten selbstsüchtige Motive und suchten vorwiegend den Nervenkitzel, während Männer nur spionierten, um ihrem Land zu dienen. Aufgrund der natürlichen Falschheit der Frauen sei jedoch anzunehmen, dass Agentinnen ihren männlichen Kollegen haushoch überlegen seien. In seiner romanhaften Biografie über Mata Hari legt der Autor der Protagonistin als Beweis für ihre Lust am Verrat folgende Worte in den Mund: »Wie fest hätte ich meine Lippen auf ihre Herzen gepresst! Ich hätte sie ausgesaugt bis auf den letzten Tropfen und nur die leere Hülle zurückgelassen.« In einer Zeit der Unordnung verbündeten sich die zutiefst angeekelten Hüter der Ordnung gegen die unabhängige Kosmopolitin.

Auf der Suche nach sexuellen Abenteuern hatte Mata Hari die Kühnheit besessen, in ein Revier einzudringen, das traditionell den Männern vorbehalten war. Indem sie eine Frau zu verkörpern versuchte, die eine exotische Vergangenheit hatte, die sich alle Freiheiten nahm und meisterhaft auf der Klaviatur der Sexualität spielte, lieferte sie sich letztendlich selbst ans Messer. Solange der Frieden währte, feierte Mata Hari rauschende Erfolge, weil sie stellvertretend den menschlichen Hunger nach Abenteuern befriedigte. In Kriegszeiten jedoch wurde sie zum Feindbild, weil sie die uralten Ängste vor der Verderben bringenden Frau schürte.

Die französischen Ankläger peitschten ihren Fall im Schnellverfahren durch. Ungeachtet der dürftigen Beweislage hängten die Richter ihre Roben nach dem Wind. Der Mantel der Verführerin, den Mata Hari sich so kokett um die Schultern gelegt hatte, sollte ihr zum Verhängnis werden. Das französische Erschießungskommando hielt es für seine göttliche Pflicht, diese vitale, freie Frau, die so viele Männer glücklich gemacht hatte, auf »einen Haufen zerknautschter Unterröcke« zu reduzieren.

Das Bild der männermordenden Verführerin fand im England des 19. Jahrhunderts zunehmend Anklang. Dieses Gemälde zeigt den jungfräulichen Ritter der Tafelrunde mit dem Heiligen Gral, der nicht bemerkt, dass eine Frau ihm auflauert. ARTHUR HACKER (1858–1919): *DIE VERSUCHUNG DES PARZIVAL*, 1894

Kapitel 6

Der Vamp

Während sich in Europa Legenden um Mata Haris Leben rankten, nahm in Nordamerika ein ähnlicher Typus der männermordenden Verführerin Gestalt an. Die Ingredienzen dieses US-Modells stammten aus der europäischen Romantik.

Als Frauen im 18. Jahrhundert anfingen, sich gegen ihre gesellschaftliche Unterdrückung aufzulehnen, warnten die Männer, das weibliche Gehirn sei für eine Dauerbeanspruchung nicht geeignet, und redeten ihren Frauen ein, dass ihr Platz im Hause sei. Wertschätzung konnte eine Frau im 19. Jahrhundert weder durch ihre intellektuellen Fähigkeiten noch durch harte Arbeit erlangen, sondern ausschließlich durch ihre Tugend. Nach dem geltenden Ideal stand sie ihrem Mann nicht mehr als Partnerin zur Seite, sondern wurde zu einer Hausheiligen, die sich für ihre Familie aufopferte und ihrem Gatten ein gemütliches Heim schuf. Und wenn sie trotz all ihrer Tugend mit ihm schlief, dann tat sie es nicht aus Lust, sondern weil es zu ihren ehelichen Pflichten gehörte. In den stilvoll möblierten Stuben, in denen sie unter Verschluss gehalten wurde, entwickelte sie eine vornehme Blässe und eine Neigung zur Schwermut, derweil sich der Mann draußen in der Welt gegen allerlei Halsabschneider behaupten musste und seinen Geschlechtstrieb zunehmend außer Haus befriedigte. Der Abstand zwischen den Geschlechtern wurde immer größer.

In seinem Gedicht *Die Verwandlungen des Vampirs* (1857) schildert der Dichter Beaudelaire eine Frau, die sich, nachdem sie ihrem Geliebten »aus den Knochen alles Mark gesogen«, in eine Ekel erregende eitrige Masse auflöst. 1897 erschuf Bram Stoker den männlichen Dracula, dessen weibliche Opfer ihrerseits die Männer zur Ader lassen. Je gründlicher die Viktorianer die Sexualität aus ihren Häusern verbannten – indem sie selbst Klavierbeine züchtig verhüllten und den Müttern ihrer Kinder Sex nur zu Fortpflanzungszwecken zugestanden –, desto stärker verteufelten sie Frauen, die sich zu ihrer Sexualität bekannten.

Schuf Stoker seinen Dracula, malte Philip Burne-Jones eine bleiche Frau mit langen, dunklen Haaren im Nachtgewand, die sich wie ein gefährliches Raubtier über den – offenbar leblosen – Körper ihres Liebhabers beugt. Sein Gemälde *The Vampire* inspirierte Ende des 19. Jahrhunderts Rudyard Kipling zu seinem gleichnamigen Gedicht. Hier ein Auszug:

Es war mal ein Narr, und der betete fein
(Genau wie du oder ich!)
Zu Lumpen und Filzhaar und knöchernem Bein
(Wir nannten die Frau Mistress Kurzundklein),
Der Narr aber rief sie sein schönes Fräulein –
(Genau wie du oder ich!)

Kiplings Vampirfrau raubt dem Mann, was ihm lieb und teuer ist:

Folgende Seite: Als die lüsterne Verführerin Hollywood eroberte, wurde das Schicksal ihrer männlichen Opfer mit schauerlichen Details dargestellt. Diese Werbeaufnahme für den Film *A Fool There Was* (1915) zeigt Theda Bara über den Überresten eines ihrer Opfer kauernd.

Der Narr kriegt' gegerbt sein närrisches Fell
(Genau wie du oder ich!),
Was die Frau wohl sah, da sie fortstieß ihn schnell –
(Indes, der Bericht hier ist nicht offiziell),
So lebt' er zum Teil noch, doch nicht generell –
(Genau wie du oder ich!)

Kipling zeichnet hier das Bild einer leibhaftigen Teufelin. Kalt, egoistisch und skrupellos, plündert sie ihr Opfer bis auf die Haut aus, um es dann seinem Schicksal zu überlassen. Die viktorianischen Männer hatten sich in eine Zwickmühle manövriert: Sie hatten ihre Ehefrauen in dekorative Ausstellungsstücke verwandelt. Sie hatten sie aus allen Bereichen des öffentlichen Lebens ausgegrenzt und in dunkle, mit Möbeln voll gestopfte Wohnstuben verbannt. Sie hatten ihnen die Freude am Sex verboten, um sich so in den Genuss einer unaufhörlich sprudelnden Quelle weiblicher Güte und Tugend zu bringen. Und nun sannen diese kalten, blutleeren Geschöpfe auf Rache. Die Göttin, Spiegel der Männlichkeit und des Erfolgs ihres Gebieters, stürzte sich in die Abgründe des Begehrens. Sie verließ ihr Podest und ging ihrem Mann entgegen, und als sie ihm die Hände entgegenstreckte, tat sie das nicht, um ihm über die Wange zu streichen oder sanfte Worte ins Ohr zu raunen, sondern um ihm die Seele aus dem Leib zu reißen. Die Männer hatten den Bogen überspannt; der Albtraum begann.

Es war einmal ein Narr

1909 machte Porter Emerson Browne mit seinem Stück *A Fool There Was* nach dem erwähnten Gedicht von Rudyard Kipling am Broadway Furore.

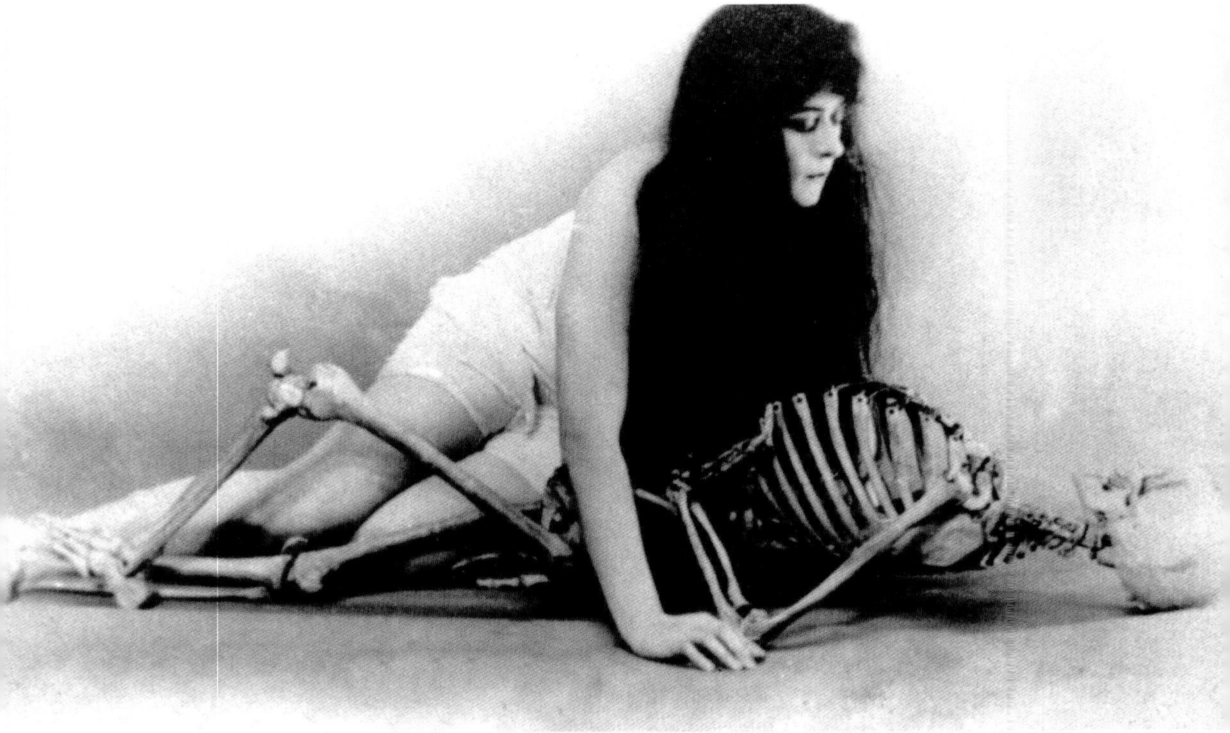

Es handelt von dem unaufhaltsamen Untergang eines erfolgreichen, aber charakterschwachen Mannes, der dem hypnotischen Blick und dem zügellosen Verlangen einer namenlosen Schönheit mit rabenschwarzem Haar verfällt. Ein Blick von ihr genügt, und ihm schwinden die Sinne. Er gibt alles für sie auf: seine gütige, tugendhafte Ehefrau, seine reizende Tochter, sein florierendes Geschäft. Sie ist keine weiße, jungfräuliche Lilie, sondern eine voll erblühte, blutrote, berauschend duftende Rose. Sie ist alles gleichzeitig: die wieder auferstandene Eva, die wiedergeborene Kleopatra, die moderne Salome. In ihrer Raserei wird dieser Vampir den Mann in den Abgrund stoßen.

1915 wurde das Stück in Hollywood verfilmt; in der Hauptrolle war Theodosia Goodman zu sehen, auch Theda Bara oder »der Vamp« genannt. Eine Werbeaufnahme zeigt sie leichenblass, mit schwarz geschminkten Augen über ein menschliches Skelett gebeugt. Ihre Küsse sind nicht belebend, sondern tödlich. Kraft ihrer sexuellen Aura ist sie dem Schattenreich entstiegen. Sie ist unersättlich und nicht aufzuhalten. Sobald sie mit einem

Seite 97: Dunkle Augen, dunkle Haare, ein bedrohlicher Gesichtsausdruck, das waren Theda Baras Waffen. Hier entfaltet sie ihren vampirhaften Charme für eine Werbeaufnahme zu ihrem Film *Sin* (1915).

Links: In *Der Blaue Engel* (1930) lockt Lola-Lola alias Marlene Dietrich einen Gymnasiallehrer aus seinem sicheren Junggesellenleben in die zwielichtige Welt der Nachtclubs – wo er untergeht.

Mann fertig ist, wendet sie sich dem nächsten zu. Das tugendhafte Frauchen an der Seite ihres Opfers würdigt sie keines Blickes, weil ein so blutleeres Geschöpf für einen wilden, gierigen Vamp keine Gegnerin sein kann.

Theda Baras Leinwandküsse wirkten ungemein sinnlich und körperlich. Die Kamera schwelgte in diesen Kussszenen. Der Mann, der die Sexualität aus seinem Alltag verbannt hatte, wurde von ihr eingeholt. Der rohe, mächtige Urtrieb überwältigte ihn. Alle Dämme brachen. Diese Frau war zum Anbeißen, und sie war stark. Er konnte sich in ihrem Körper auflösen. Dabei empfand er ein intensives Glücksgefühl und zugleich schieres Entsetzen.

Trotz dieser Intensität hatte Theda Baras Vamp nur eine begrenzte Haltbarkeitsdauer. Nachdem der erste Schock vorüber war, mussten sogar ihre größten Fans zugeben, dass sie ihren Zenit überschritten hatte. Doch das Bild vom Vamp blieb der männlichen Fantasie eingebrannt – um im Zweiten Weltkrieg durch das der Femme fatale ersetzt zu werden. Zunächst aber betrat 1930 die mondäne, androgyne Marlene Dietrich in *Der Blaue Engel* als Lola-Lola die Bühne.

Der Blaue Engel

In dem Film *Der Blaue Engel* (1930) verkörperte Marlene Dietrich einen Vamp mit weiblichen Rundungen und einer heiseren, maskulinen Stimme, wie man sie noch nie im Kino gehört hatte. Auch diese Verführerin hatte die Fähigkeit, die Männer in ihren Bann zu schlagen und zu zerstören, doch sie musste dafür kaum einen Finger rühren: Die Verehrer kamen zu ihr. So gesehen trugen die Männer, die ihr verfielen, selbst die Verantwortung für ihr Schicksal. Charakterstarke Männer, die Distanz wahrten, waren vor ihr

Frauen für die Galerien

Während des Fin de Siècle war die viktorianische Gesellschaft so sehr von Vamp-Fantasien fasziniert, dass selbst Aristokratinnen sich mit der Aura des Bösen umgaben. Die Porträtmaler gingen dazu über, ihren goldgerahmten illustren Modellen den Blick der lasziven, dämonischen Verführerin zu verleihen.

Für das Gemälde von John Singer Sargent (rechts) saß Lady Agnew, die Frau eines schottischen Adligen, Modell. Sie scheint völlig im Einklang mit sich selbst, obwohl der Blick des Betrachters in ihre Privatsphäre eindringt. Es liegt etwas Kraftvolles in der Geste, mit der sie die Lehne umfasst; sie wirkt entspannt und zugleich sehr präsent. Innerhalb des Rahmens ist sie die alles beherrschende Figur. Der Betrachter, der in ihre Domäne eindringt, tut es auf eigene Gefahr. Ihre rechte Hand ruht verdeckt in den Falten ihres Kleides. Wird sie dem Besucher die Hand reichen, während sie ihn aus großen Augen unverwandt anblickt? Sie hat Zeit. Je länger sie schweigt, umso größer wird seine Bedrängnis, ist er doch gezwungen, den ersten Schritt zu tun.

Diese Frau ist kein Schauobjekt, sondern ein Kontrolle ausübendes Subjekt. Worüber, das bleibt unklar. Ein amüsiertes Lächeln umspielt ihre Mundwinkel. Es weist darauf hin, dass sie Pläne schmiedet – von denen sie sich nicht mehr abbringen lassen wird. Ob der Betrachter ihr gewachsen ist? Ihre warnend hochgezogene rechte Braue lässt erkennen, dass sie dies bezweifelt.

Die Beschäftigung mit dem Vamp gipfelte in der inflationären Darstellung totenblasser Frauen. Um die Mystik des Morbiden auf die Spitze zu treiben, ließ die französische Schauspielerin Sarah Bernhardt (1844–1923) überall verbreiten, dass sie ihr Nickerchen in einem mit Satin ausgekleideten Sarg zu halten pflege. Auch die Tänzerin Ida Rubinstein gab sich mit ihrem totenbleichen Gesicht das Image einer alles verschlingenden, gefühlskalten, hageren Frau. Ihre amerikanische Geliebte Romaine Brooks stellte sie in ihrem Gemälde *The Passing* (1911) als nackten Leichnam mit wallenden Haaren auf dem Seziertisch dar.

Marlene Dietrich perfektionierte den schläfrigen Blick der kühlen, distanzierten Verführerin, die Männer verführt, um sie anschließend mit ihrem schwarzen Stöckelschuh aufzuspießen.

sicher. Sie vergriff sich nur an den Schwächlingen, die ihr ins Netz gingen – und bewies damit, dass es möglich war, ihr zu widerstehen.

Zu Beginn des Films ist Professor Rath (Emil Jannings) ein angesehener Bürger seiner Stadt. Er unterrichtet am örtlichen Knabengymnasium und soll den Charakter der künftigen Führungskräfte formen sowie ihre Libido unter Kontrolle halten. Als er seinen sündigen Schützlingen eines Tages folgt, landet er in dem Nachtlokal »Der Blaue Engel« und erliegt dem Zauber der Sängerin Lola-Lola. Nachdem er in ihrer Garderobe einen Blick auf ihr Spitzenhöschen erhascht hat, dauert es nicht lange, und er beschließt im Überschwang seiner Gefühle, das enge Reich des Klassenzimmers zu verlassen und ihr in die weite Welt des Showgeschäfts zu folgen.

In seiner gewohnten Umgebung ist Rath ein berechenbarer, gewissenhafter, etwas schwerfälliger Mann. Lola-Lola hingegen ist eine Projektionsfläche für männliche Fantasien. Der gute Professor lebt in einer eng begrenzten stabilen Welt, während die verführerische Sängerin in einem fort durch ihr schillerndes Revier streift und nach dem nächsten Opfer Ausschau hält. Er repräsentiert die hehren Ziele seiner Klassiker; sie nährt Phantasmen. Er ist völlig verzaubert von einer weiblichen Natur, die er nicht versteht, aber kennen lernen möchte; sie hingegen kennt alle Tricks, um einen Mann zu fesseln.

Rath scheitert, weil er ihr keinen Widerstand entgegensetzt. In seiner Unerfahrenheit verfällt er Lolas billigem Charme. Kaum sind sie verheiratet, wird er ihr Schoßhund, ihr Handlanger. Abend für Abend hilft er ihr, sich in jenes bezaubernde Wesen zu verwandeln, an dessen Anblick sich andere Männer weiden. Sie wirft ihren Verehrern im Publikum heiße Blicke zu. Sie können ihr ebenso wenig widerstehen wie ihr Ehemann. Rath ist

machtlos. Er kann nichts dagegen tun, dass Lola langsam, aber sicher seine Männlichkeit untergräbt.

Am Ende des Films hat er das Stadium tiefster Erniedrigung erreicht. Als Lolas Truppe einige Jahre später wieder in Raths Heimatstadt gastiert, wird er seinen ehemaligen Schülern als Clown und Hahnrei vorgeführt.

Lola-Lola verkörpert den Vamp der 1930er Jahre, der den Männern das Mark aussaugt und sie vor einflussreichen Zeitgenossen demütigt, von deren Anerkennung sein gesellschaftlicher Status abhängt. Schwache Männer sollten solchen Frauen aus dem Weg gehen, lautet die Botschaft des Films. Pantoffelhelden sind lächerlich. Und Männer, die dem Wunsch ihrer Frauen nach Gleichberechtigung allzu bereitwillig nachkommen, werden schnell zu einem willenlosen Spielzeug, zu törichten Narren. Der Schuldirektor hatte Rath gewarnt: »Ich kann ja manches verstehen. Aber wie kann man seine ganze Zukunft gefährden wegen einer solchen Person!«

LOLA-LOLA HIELT DEN MYTHOS DES MÄNNERMORDENDEN VAMPS AM LEBEN, bis sie in den 1940er Jahren von der Femme fatale verdrängt wurde. Zwischen beiden aber tauchte noch eine andere, eher harmlose Variante der Verführerin auf.

Jean Harlow war nicht prüde und stellte ihre körperlichen Reize gern zur Schau. Sie war der Traum aller Kameramänner, völlig unbefangen und zu allem bereit. JEAN HARLOW IN *DER ÖFFENTLICHE FEIND*, 1931

Kapitel 7

Die Sexbombe

Mata Hari und Theda Bara verkörperten als erotische Spionin bzw. Vamp das Bild der zerstörerischen Verführerin, das entstand, als der Krieg und der Kampf der Frauen um Gleichberechtigung das Vertrauen der Männer in die Zukunft nachhaltig erschütterten. Nach dem Ersten Weltkrieg war die Welt wieder in Ordnung. Der Wohlstand kehrte zurück, die Frauen waren freundlich und hilfsbereit wie ehedem. Als Anerkennung für ihre freundliche Unterstützung während des Krieges erhielten die Frauen vielerorts das Wahlrecht. In Großbritannien durften sie nach 65 Jahren Bettelei und fünf Jahren hartem Kampf endlich ab dreißig an die Urnen. Die meisten kanadischen Provinzen und europäischen Staaten schlossen sich an, 1920 auch die Vereinigten Staaten von Amerika.

Statt des erwarteten Chaos folgte eine Phase der Entspannung. In den Goldenen Zwanzigern trat in Nordamerika der *flapper* auf den Plan, ein neuer, natürlicher Frauentypus mit kurzen Haaren und wenig Kurven. *Flappers* trugen kurze, gerade geschnittene Röcke, schnürten sich die Brust und gaben sich burschikos. Kalkül war ihnen fremd; sie liebten das Leben, waren fröhlich und offen für Experimente.

Die im Schatten der Hauseingänge lauernden Verführerinnen gehörten der Vergangenheit an. Das Leben war ein Fest, und der Alkohol floss in Strömen. Es gab zwar immer noch Frauen, die nur auf Geld aus waren, und ein paar versprengte Vertreterinnen des kaltherzigen Vamps. Aber die Männer waren reich und konnten sich attraktive Frauen mit Sinn fürs Schöne leisten. Denn neben den klugen, scharfzüngigen Frauen gab es genügend amüsante Partygirls. In den 1930er Jahren ersetzte dann die Traumfabrik Hollywood den Vamp durch die üppige Sexbombe. Auf der Leinwand verkörperte sie den puren Sex. Und anders als der dunkle, sinnliche Vamp war sie von einem gleißenden, elektrisierenden Blond.

Der Inbegriff dieses neuen Typs war Jean Harlow, die dank entsprechenden Werbemaßnahmen als »die Platinblonde« bekannt wurde. Jean Harlow war schon als Teenager sexy. Eine ihrer Freundinnen erinnert sich an einen Abend, an dem ihr Vater ein paar Bekannte zum Kartenspielen eingeladen hatte: »Es läutete an der Tür, und da stand dieses umwerfende Mädchen mit ihren weißblonden Haaren und ihren tollen grünen Augen. Die Männer *starrten* sie an.« Ein weiterer Zeitzeuge berichtet: »Harlean Carpenter« – so hieß Jean Harlow mit bürgerlichem Namen – »war schon als Teenager (mit etwa 16) das *großartigste* Geschöpf, das ich je gesehen hatte. Sie hatte eine makellos weiße Haut, fast wie ein Albino (. . .). Sie war kaum 1,58 Meter groß, aber sehr gut proportioniert. Sie hatte endlos lange Beine und ein strahlendes Lächeln (. . .). Wenn ich mit ihr die Straße entlangging, hielt sie den Verkehr auf. Die Männer sprangen aus den Autos und liefen ihr hinterher.«

Mädchen wie sie waren anscheinend zur Verführerin prädestiniert und wirkten sexy, egal, was sie trugen. Jean Harlows Sexappeal fiel bereits in der

Grundschule auf. »Selbst in ihrer Schuluniform zog Miss Harlean Carpenter alle Blicke auf sich; sie war unglaublich. Ihre Matrosenbluse war am tiefsten ausgeschnitten, und obwohl man sie ständig ermahnte, wiegte sie beim Gehen ihre Hüften unter dem Faltenrock, der ihr bis zu den Füßen reichte.« Jean Harlow wusste, dass ein schöner Körper am besten in Bewegung zur Geltung kommt. Der Vater einer ihrer Klassenkameradinnen ließ sich von ihrem Anblick zu folgenden Worten hinreißen: »Sie [die anderen Schülerinnen] gehen nur (. . .), aber Harlean stolziert.«

Verführerinnen wie Jean Harlow finden Gefallen an der Schönheit ihres Körpers. Harlow genoss die Erfolge, die sie mit ihrer Erscheinung in Hollywood erzielte, von Anfang an in vollen Zügen. 1929 drehte sie mit Stan Laurel und Oliver Hardy den Stummfilm *Double Whoopee.* In einer Filmszene klemmt der tollpatschige Portier (Laurel) ihren Rock in der Wagentür ein. Als sie weitergeht, bleibt der Rock hängen, und sie durchquert die Hotelhalle in einem hauchdünnen Slip – ohne zu bemerken, dass irgendetwas fehlt.

Man hatte Jean Harlow vorher darauf hingewiesen, dass sie in dieser Szene »underdressed« auftreten müsse. Da sie noch neu im Geschäft war, verstand sie diese Information falsch. Sie wusste nicht, dass sie unter dem Kostüm ein fleischfarbenes Trikot tragen sollte, und ließ bis auf den durchsichtigen Slip die Unterwäsche weg. In ihrer Unbefangenheit tat sie alles, was man ihr sagte. Rolfe Sedan, der die Rolle des Empfangschefs spielte, erinnerte sich: »Man hatte uns nicht gesagt, dass sie so gut wie nackt hereinkommen würde. Niemand wusste es (. . .). Als sie zu mir ans Empfangspult kam, habe ich erst mal keinen Ton rausgebracht.«

Ebenso hemmungslos zog Jean Harlow für den Film *Blondes Gift* (1932)

ihre Jacke aus, obwohl sie darunter nichts anhatte. »Nacktheit war damals noch etwas Besonderes, und die unbekleidete Harlow wirkte wie eine Statue aus Alabaster. Das ganze Team starrte sie nur ungläubig an. Die Beleuchter sind vor Schreck fast von der Galerie gefallen.«

Verspielte Verführerinnen stellen ihren Körper gern zur Schau. In dem Film *Die gelbe Hölle* (1932) badet Jean Harlow nackt in einer Regentonne. Als die Szene gedreht wurde, sprang sie unversehens hoch, zeigte ihren nackten Busen und jubelte in die laufende Kamera: »Das ist ein Gruß an die Jungs im Labor!« Regisseur Victor Fleming riss sofort den Film aus der Kamera, um die Verbreitung der Aufnahmen zu verhindern. Sexsymbol hin oder her – ein Filmstudio durfte das Image einer Schauspielerin nicht überstrapazieren.

Eines der berühmtesten Zitate von Jean Harlow stammt aus Howard Hughes' letztem Film, *Die Engel der Hölle* (1930). Sie verkörpert darin eine sexuell aggressive Frau, die raucht, trinkt und ihre schöne Alabasterhaut großzügig entblößt. Nachdem sie den Bruder ihres letzten Freiers in ihre Wohnung gelockt hat, zieht sie ihren Morgenrock aus, gießt sich einen Drink

Bis ab Mitte der 1930er Jahre die Zensur in Hollywood die Schere ansetzte, konnte sich Jean Harlow freizügig auf der Leinwand zeigen. JEAN HARLOW IN *DER ÖFFENTLICHE FEIND*, 1931

ein und fragt ihn: »Würde es Ihnen etwas ausmachen, wenn ich mir etwas Bequemeres anziehe?« Leicht abgewandelt ging dieser Satz als klassische Eröffnungsformel der Verführerin in die Umgangssprache ein: »Wenn es Sie nicht stört, würde ich mir gern etwas Bequemeres anziehen.« Jean Harlows Rollen begründeten ihren Ruf als böses, gefährliches Mädchen. Dass sie keine Hemmungen hatte, ihre körperlichen Vorzüge zur Schau zu stellen, zeigte sich nicht nur darin, dass sie auf Unterwäsche verzichtete – sie ließ sich auch gern in ihre Kostüme einnähen. Bei den Dreharbeiten zu *Iron Man* (1931) fand sich das gesamte Team ein, um sich ihren Auftritt in einem durchsichtigen Kleid anzuschauen. »Sie kam ein paar Treppenstufen herunter und ließ dabei immer wieder Haut sehen. Die Leute drängelten sich am Set, um das zu erleben«, berichtet ein Augenzeuge. Jean Harlow kannte eine Menge Tricks, um ihre Vorzüge in hautengen Abendkleidern zur Geltung zu bringen. Sie soll sogar ihre Schamhaare gebleicht haben, weil man sie sonst unter den hauchdünnen Stoffen gesehen hätte. James Cagney, ihr Partner in dem Film *Der öffentliche Feind* (1931), war besonders von ihren ständig erigierten Brustwarzen fasziniert. »Was machst du damit, dass sie immer so hart sind?«, fragte er sie. »Ich halte sie kühl«, erwiderte sie.

Dass eine gewisse Schamlosigkeit den Erfolg einer Verführerin steigern kann, bewies Jean Harlow nicht nur am Set. Um ihrem Image Ehre zu machen, erschien sie eines Tages in einem extrem tief ausgeschnittenen Kleid auf einer Party. Als die Gastgeberin boshaft bemerkte: »Aber meine Liebe, man kann ja fast den Bauchnabel sehen!«, ließ Jean Harlow in aller Ruhe die Träger von ihren Schultern gleiten, sodass das Oberteil bis zur Taille herunterrutschte. Natürlich trug sie keinen Büstenhalter. »Könnte ich einen Kaffee haben?«, fragte sie die verdutzte Gastgeberin.

Clara Bow

Als der Stummfilm vom Tonfilm verdrängt wurde, eroberte die Sexbombe das Kino. Ein berühmtes Sexsymbol des Stummfilms überdauerte diese Entwicklung nicht: Clara Bow, das »It girl«, wie die Hohepriesterin des Sex, Elinor Glyn, sie nannte. Das »It« steht hier für das gewisse Etwas, die magnetische Anziehungskraft einer Frau.

Clara Bow strahlte auf der Leinwand eine unbändige Vitalität aus. Der Filmproduzent Adolph Zukor schrieb über sie, »dass ihr Körper nie völlig zur Ruhe kam; irgendetwas war immer in Bewegung, und wenn es ihre fantastischen Augen waren. Sie besaß eine elementare, magnetische Anziehungskraft, und ihre Vitalität hatte etwas Animalisches.« Die Filmregisseurin Dorothy Arzner verglich sie mit einer »Flamme, die über die Leinwand tanzt«. Dass Clara Bow den Sprung in den Tonfilm nicht schaffte, dürfte auch damit zu tun gehabt haben, dass sie viel zu unruhig war, um sich an die damals noch fest montierten Mikrofone zu gewöhnen. Sie schwirrte ständig durch den Raum wie ein Kolibri von einer Blüte zur nächsten.

Die Zeitschrift *Variety* präsentierte sie als Nymphomanin, die sich in ihrem Haus ein orientalisch anmutendes »Liebesnest« eingerichtet habe. Gary Cooper, der diesen Sündenpfuhl einmal betreten durfte, habe vor Schreck nur ein »O Mann!« herausgebracht. Und als einer ihrer Liebhaber einen Suizidversuch inszenierte, soll Clara Bow einem Reporter ungerührt mitgeteilt haben: »Also, ich will Ihnen mal was sagen: Wenn ein Mann sich aus Liebeskummer umbringen will, dann schneidet er sich garantiert nicht mit der Rasierklinge die Pulsadern auf und drapiert sich dann mit einer Zigarette zwischen den Lippen auf seinem Sofa! So nicht! Dafür gibt's schließlich *Pistolen!*«

Als Jean Harlow 1929 mit ihrem Film *The Saturday Night Kid* die Kinos eroberte, wusste Clara Bow, dass ihre Tage als Superstar gezählt waren. »[Harlow] trug dieses schwarze Netzkleid und darunter *buchstäblich nichts.* Von meinem Platz aus konnte ich nicht mal erkennen, ob es wirklich ein Kleid war oder ob es nur *aufgemalt* war«, berichtete der Regieassistent Artie Jacobson. Und Clara Bow fauchte: »Wer will mich denn neben der noch sehen?«

Die quirlige rothaarige Schauspielerin Clara Bow wurde mit dem Siegeszug des Tonfilms von Jean Harlow verdrängt. Über Erstere meinte ein Laufbursche schwärmerisch: »Ich habe nie Drogen genommen, aber wenn man dieses Mädchen ansah, dann war das wie ein Schuss.« Und die *New York Times* unterstellte ihr, sie würde sogar »mit einem Grizzly flirten«.

Ein anderes Mal war Jean Harlow bei dem Medienmogul William Randolph Hearst eingeladen. Hearst muss ihr Abendkleid mit einem Negligee verwechselt haben; jedenfalls ließ er ihr über seine Freundin, die Schauspielerin Marion Davies, ausrichten, sie möge sich doch etwas überziehen. Missmutig erhob sich Jean Harlow von der Tafel und kam kurz darauf in ihrem Mantel zurück, den sie als Zeichen stummen Vorwurfs den ganzen Abend über anbehielt.

Die meisten Charaktere, die sie auf der Leinwand verkörperte, waren Produkte der von Männern beherrschten Filmstudios, die vor allem auf ihren Sexappeal setzten. Als der Schriftsteller Graham Greene ihren letzten Film, *Saratoga*, gesehen hatte, schrieb er: »Sie schleppt ihre Brüste mit sich herum wie ein Mann seine Kanone.« Und als der Kameramann Leon Shamroy 1946 Probeaufnahmen mit Marilyn Monroe machte, sagte er, die Monroe komme im Film genauso heiß rüber wie Jean Harlow.

Das Schönste an Jean Harlow war, dass sie Männer entflammen, aber nicht verbrennen wollte. Sie war temperamentvoll, energisch und zog gern alle Register, aber sie hatte nichts dagegen, dass Clark Gable sie ab und zu versohlte. So muss es sein, dachten die Männer im Kino und lehnten sich entspannt in ihren Sitzen zurück.

DER FILM IST EIN IDEALES MEDIUM, um Bilder der Verführerin zu transportieren. Mit der Verdrängung des Vamps durch die Sexbombe im und nach dem Ersten Weltkrieg wandelte sich das kalte Raubtier zur Kratzbürste, die dem Mann die Hölle heiß machte, um dann am Ende doch zu kapitulieren. Wenn man Jean Harlow spielen sah, hatte man den Eindruck, dass sie den Kampf der Geschlechter genoss und dass beide Partner im Grunde dasselbe

wollten. Vor allem wusste jeder von Anfang an, dass die Frau sich irgendwann geschlagen geben würde.

Der zyklische Wechsel zwischen tödlicher Verführerin und Kuschelweibchen wiederholte sich bis in die 1950er Jahre, in denen dann das Sexkätzchen in Gestalt von Marilyn Monroe auftauchte. Ängste stiegen in Männern immer dann auf, wenn ein Krieg die Stabilität ihres Lebens bedrohte, und legten sich wieder, wenn sich ihre Befürchtungen als grundlos erwiesen. Während sie darum kämpften, des selbst produzierten Chaos ihrer Gefühle, das auch ihr Frauenbild veränderte, Herr zu werden, blieb den Frauen nichts anderes übrig, als abzuwarten, dass die Wogen sich wieder glätteten.

Regisseur Rouben Mamoulian sagte einmal, Rita Hayworth besitze »eine innere Grazie, die man nicht erwerben kann«, und sei überdies in der Lage, »das Publikum durch ihre sinnliche Ausstrahlung zu fesseln«.

Kapitel 8

Die Femme fatale

Leider erwiesen sich die Verheißungen der Goldenen Zwanziger als trügerisch. Auf die Dürrekatastrophe in Nordamerika und den Börsenkrach an der Wall Street folgte eine Weltwirtschaftskrise, die den Menschen das Vertrauen in die Zukunft raubte. 1940 warf der Zweite Weltkrieg bereits seine ersten Schatten auf Amerika. Und schon kramten die Männer wieder in ihren alten Erinnerungen an Salome, Delila oder Mata Hari, und die Frauen wurden misstrauisch beäugt, nicht zuletzt deshalb, weil sie im Ersten Weltkrieg so gut ihren »Mann« gestanden hatten. Auch jetzt standen sie wieder parat, um in die Bresche zu springen – Schrauben festzuziehen, Flugzeugteile zusammenzuschweißen und den Alltag zu organisieren –, während die Männer an der Front kämpften. Doch inzwischen hatten die Frauen das Wahlrecht, und sie hatten sich an die Freiheiten der 1920er Jahre gewöhnt. Furcht stieg in den Männern auf: Würden die Frauen ihre Niethämmer fallen lassen und sich wieder an den Herd begeben, wenn die Soldaten von der Front kamen? Die Männer suchten Sicherheit. Was sie fanden, war die Femme fatale.

Im Film noir der 1940er Jahre setzte die Femme fatale ihre Verführungs-

künste ein, um aus dem Mann ein gefügiges Werkzeug zu machen. Im Unterschied zum Heimchen am Herd, das unter Sex Liebe und Sicherheit verstand, setzte die Femme fatale Sex mit Ehrgeiz und Macht gleich. Sie konnte einen Mann so weit bringen, dass er sich gegen seine Geschlechtsgenossen wandte. Die Filmregisseure bemühten sich, die Vorgehensweise solcher Frauen auf der Leinwand genau zu analysieren, um den Männern zu zeigen, wie sie sich vor ihrem Einfluss schützen konnten – für den Fall, dass bei ihrer Heimkehr aus dem Krieg eine Femme fatale auf sie warten sollte.

Frau ohne Gewissen

Marlene Dietrichs Lola-Lola stand zwischen dem Vamp und der Femme fatale. Der Vamp ist ein Raubtier, das seinem Opfer die Zähne ins Fleisch schlägt und es ausbluten lässt. Lola hingegen ist die gefährliche Spinne, die in aller Ruhe darauf wartet, bis ihr die Beute ins Netz geht, um sie dann auszusaugen. Die Femme fatale wiederum hypnotisiert den Mann wie eine Schlange und macht ihn so zum Motor seines eigenen Untergangs. Der englische Dichter John Keats hat diesen Frauentypus in seiner Verserzählung *Lamia* literarisch verewigt. Er erzählt darin von einer Schlange, die sich in eine Frau verwandelt hat, um einen Mann zu verführen:

Plakate wie dieses, die Männer vor der Gerissenheit schöner Frauen warnten, waren in Großbritannien vor dem Zweiten Weltkrieg allgemein verbreitet.

Gordisch geformt war sie und blendend bunt,
Tiefrot gescheckt, Gold, Grün und Blau ihr Grund;
Gestreift dem Zebra, fleckig Pardern gleich,
Beäugt wie Pfaue, an Karminrot reich, (. . .)
Als Krone trug sie einen matten Glanz
Aus Sternen, ähnlich Ariadnes Kranz;
Ihr Haupt war Schlange, doch ah, bitter-süß!
Ganz Frau jedoch der Mund, der alle Perln aufwies; (. . .)
Ihr Hals war Schlange, doch ein jedes Wort
Entstieg, wie Honig schäumend, Liebe dort (. . .)

Die romantischen Dichter des 19. Jahrhunderts hatten »des Schreckens Schöne (. . .), gewitterhaft« entdeckt, und die Filmindustrie verlieh ihr in den 1940er Jahren als Femme fatale Gestalt.

In *Frau ohne Gewissen* (1944) verkörperte die kühle, blonde Barbara Stanwyck die Rolle der schlangenhaften, unzufriedenen Mrs Dietrichson. Statt ihre Hoffnungen auf Wohlstand und Renommee zu erfüllen, steckt ihr Mann sein ganzes Geld in seine geschäftlichen Unternehmungen und beklagt sich lauthals über die Verschwendungssucht seiner Frau. Ihr würde nicht einmal sein Tod etwas nützen, denn er hat seine Lebensversicherung seiner Tochter aus erster Ehe überschrieben.

Eines Tages läutet der Versicherungsvertreter Walter Neff (Fred MacMurray) an ihrer Tür, um die Autoversicherungspolice ihres Mannes zu erneuern. Neff ist jung, gescheit und ein bisschen großspurig. Mrs Dietrichson zieht alle Register. Sie setzt sich mit ihrem Gast ins Wohnzimmer, und schon beginnt die Luft zwischen ihnen zu knistern.

Kaltblütig versteckt Mrs Dietrichson den Revolver unter einem Kissen, um später ihren Liebhaber damit zu erschießen. BARBARA STANWYCK IN *FRAU OHNE GEWISSEN*, 1944

Beiläufig erwähnt sie, dass sie möglicherweise eine Lebensversicherung auf ihren Mann abschließen wolle, und fragt, was bei Eintritt des Schadensfalls geschehen würde.

Wie so viele Männer, die einer Femme fatale erliegen, ist Neff ein Meister seines Fachs. Er weiß alles über Versicherungen und kennt die Spielregeln. Betrüger, so glaubt er zu wissen, fliegen auf. Neff ist angesehen, erfolgreich und zufrieden mit seinem Leben. Und plötzlich taucht da diese Frau auf, die ihn ködern will, weil sie ihn braucht. Sie versucht ihm zu schmeicheln. »Sie sind aber ein ganz gewiefter Agent, Mr Neff.«

Neff ist kein Dummkopf. Er will nichts mit der Sache zu tun haben. Doch eine Verführerin weiß, was einem Mann unter die Haut geht. In später Einsicht bekennt der Betrogene: »Ich wusste, dass ich in eine gefährliche Situation geraten war, aber ich hoffte, rechtzeitig wieder herauszukommen.« Unter einem billigen Vorwand verschafft sie sich Zugang zu seiner Wohnung: »Walter, Sie haben Ihren Hut vergessen. Darf ich mit reinkommen?«

Die Femme fatale nimmt ihr Opfer von zwei Seiten in die Zange: Sie weckt seine Sehnsucht, mit einer attraktiven Frau zu schlafen, und erzeugt in ihm das Bedürfnis, seine Konkurrenten auszustechen – und bringt ihn dadurch so weit, dass seine Reflexe seinen Verstand ausschalten. Er will ihren Körper, und er will nach oben. Mrs Dietrichson elektrisiert Neff und gibt ihm obendrein die Gelegenheit zum Kräftemessen mit seinem Chef.

Dieser Chef, Barton Keyes (Edward G. Robinson), ist ein wahrer Spürhund mit einem ausgeprägten Instinkt für Versicherungsbetrug. Doch Neff will beweisen, dass er schlauer ist als sein Meister. Mr Dietrichsons Ermordung soll ihn auf der Karriereleiter nach ganz oben katapultieren. Mrs Dietrichson, die diesen Ehrgeiz spürt, eröffnet ihm die Chance, aus

seiner geordneten Welt auszubrechen, sich von der Masse abzusetzen und als Individuum zu beweisen. Aus eigenem Antrieb hätte er das niemals gewagt, aber sie gibt ihm das Gefühl, unbesiegbar zu sein. Sie ist so gefährlich wie die Sirenen, die Odysseus zu verführen suchten, denn sie entfesselt und nährt seine geheimsten Wünsche.

Der Plan ist genial, doch er muss – zumindest in den 1940er Jahren – an der Realität scheitern. Nach den Gesetzen des Genres müssen die Übeltäter für ihre Verbrechen mit dem Leben bezahlen. Die Botschaft an die Zuschauer lautet: Ihr glaubt doch nicht im Ernst, dass ihr mit einer Frau, die unsere Spielregeln nicht achtet, gemeinsame Sache machen könnt! Lasst die Finger von ihnen! Wir sind die Wächter der Ordnung, und wir kriegen euch früher oder später. Doch ein verführter Mann kann dem Drang, sich mit anderen zu messen, kaum widerstehen. Vielleicht ist sein Plan ja wirklich genial, und diese großartige Frau gehört ihm am Ende ganz allein.

In *Frau ohne Gewissen* nutzt Neff sein gesammeltes Insiderwissen, um den perfekten Mord zu planen. Gemeinsam mit der verführerischen Mrs Dietrichson tüftelt er alles bis ins kleinste Detail aus. Aber dann riecht Barton Keyes Lunte und beginnt die Fäden zu entwirren. Er weiß zwar nichts Genaues, aber das ist auch nicht notwendig, weil Neff und Mrs Dietrichson ihren Untergang selbst besiegeln. Sie beginnen einander zu misstrauen. Neff wittert die Chance, den Mordverdacht auf einen Unschuldigen zu lenken, und sucht Mrs Dietrichson am späten Abend auf, um sie zu töten. Als sie begreift, dass er ihr nicht länger beisteht, versucht sie ihn ebenfalls loszuwerden. Ihre Leidenschaft füreinander schlägt in Hass um, und am Ende erschießen sie sich gegenseitig.

Die Femme fatale ist zwar gefährlich, aber sie agiert innerhalb der männlichen Ordnung und ist damit längst nicht so bedrohlich wie der Vamp, der sich über die Gesetze der Männerwelt hinwegsetzt. Und sie handelt nicht allein: Sie flößt den Männern Angst ein, ohne sich aus der Abhängigkeit von ihnen lösen zu können. Im Film noir spielt die erotische Anziehung zwischen »Held« und Verführerin häufig eine untergeordnete Rolle, und es geht eigentlich um die »Chemie« zwischen zwei männlichen Protagonisten. Wer geht als Sieger aus der Kraftprobe hervor? In *Frau ohne Gewissen* steht die Beziehung zwischen Neff und seinem Vorgesetzten Keyes im Vordergrund. Neff möchte beweisen, dass er Keyes austricksen kann, doch Keyes zeigt ihm, welcher Gefahr sich ein Mann aussetzt, der die Hand beißt, die ihn füttert – vor allem dann, wenn er sich dazu von einer Frau anstiften lässt, und mag sie noch so attraktiv sein.

Anders als Theda Baras Vampirfrau oder Marlene Dietrichs Nachtclubsängerin kommt die Femme fatale der 1940er Jahre nicht ungeschoren davon. Am Ende siegt die von Männern definierte Ordnung. Die Männer können in der Gewissheit aus dem Krieg heimkehren, dass das alte System weiterbestehen wird. Sie können in aller Ruhe zusehen, wie die Femme fatale ihr Netz webt, und darauf vertrauen, dass es zerstört werden wird. Was

Die Sphinx

Die unergründliche Femme fatale führt dem Mann das Rätsel des Ewigweiblichen vor Augen. Wehe ihm, wenn er die Verführerin falsch eingeschätzt hat! Um die rätselhafte und tückische Natur der Frau geht es auch in der griechischen Sage von der Sphinx, die in der Stadt Theben ihr Unwesen trieb, bis sie von Ödipus überlistet wurde.

Die Sphinx hatte den Rumpf einer Löwin, die Flügel eines Adlers und den Kopf und die Brust einer Frau. Sie war die Tochter des Ungeheuers Typhon und der Schlangenfrau Echidna und hockte auf einem Felsen vor den Toren Thebens. Wer in die Stadt hineinwollte, musste folgende Frage beantworten: »Welches Wesen hat morgens vier, mittags zwei und abends drei Beine?« Wer eine falsche Antwort gab, musste sterben. Ödipus fand die Lösung des Rätsels. Als die Sphinx die richtige Antwort – »der Mensch« – vernahm, stürzte sie sich von ihrem Felsen in den Tod.

Ihre körperliche Schönheit, die mit tödlicher Leidenschaft und der Raffinesse einer Schlange gepaart war, verdankte die Sphinx ihren Eltern. In ihrer Gestalt vereinte sie die zerstörerischen Kräfte eines Adlers mit der Mordgier einer Löwin. Sie nahm ihre Beute ins Visier, jagte und riss sie. Aber bevor sie ihr Opfer tötete, trieb sie ihr grausames Spiel mit ihm. Sowohl der blutrünstige Vamp als auch die auf ihn folgende rätselhafte Femme fatale waren im Grunde nur unterschiedliche Aspekte der Sphinx, deren dunkle Schatten eines schönen Tages durch den rosigen Widerschein des strahlenden Sexkätzchens verdrängt wurden.

in den Köpfen der Frauen vorgeht, muss sie nicht berühren – sie können sich ganz auf die körperlichen Reize ihrer Gespielinnen konzentrieren. Der Widerspenstigen Zähmung ist in vollem Gang.

Gilda

Keine Darstellerin hat die Femme fatale jemals besser verkörpert als Rita Hayworth in der Rolle der Gilda. Der gleichnamige Film von 1946 handelt von einem Dreiecksverhältnis: Auf der einen Seite geht es um die geschäftliche Beziehung zwischen dem Casinobesitzer Ballin Mundson (George Macready) und seinem Angestellten Johnny Farrell (Glenn Ford), auf der anderen um die Romanze zwischen Johnny und der Sängerin Gilda, die einst seine Geliebte war, inzwischen aber Ballin geheiratet hat.

Johnny und Gilda lassen keine Gelegenheit aus, sich für vergangene Kränkungen aneinander zu rächen. Um ihm zu zeigen, dass er ihr nichts mehr bedeutet, wirft Gilda sich vor seinen Augen anderen Männern an den Hals und widersetzt sich seinen Anordnungen. Erst macht sie sich an die Casinobesucher heran, dann produziert sie sich vor dem Publikum, bis die Männer die Bühne stürmen.

Gilda enthält zahlreiche Elemente einer klassischen Verführungsgeschichte. Während die Männer im Glücksspiel mit Karten und Würfeln alles unter Kontrolle haben, gerät ihre Welt aus den Fugen, sobald sich eine Frau nähert. Als Ballin Johnny seine frisch gebackene Ehefrau vorstellt, gratuliert dieser nicht ihm, sondern Gilda zu der guten Partie; wenn Gilda aus dem Schlafzimmer ruft, steht der ansonsten so knallharte Geschäftsmann Ballin bei Fuß. In einer Szene macht Johnny eine Anspielung auf die Doppelzüngigkeit der Frauen. Er vergleicht ihr Wesen mit Ballins Gehstock, der sich durch Knopfdruck in eine tödliche Stichwaffe verwandeln lässt. Er beschreibt ihre Gemeinsamkeit so: »Du siehst etwas, und dann verwandelt es sich vor deinen Augen in etwas anderes.«

Ballin und Johnny verbindet eine Freundschaft, die durch Gildas Anwesenheit gestört wird. In ihrem legendären Lied *Put the Blame on Mame* führt Gilda Naturkatastrophen wie Überschwemmungen und Erdbeben auf den Einfluss weiblicher Kräfte zurück. Das Naturkind Gilda bringt die Erde zum Beben. Das von ihr erzeugte Chaos ist jedoch nicht die Folge dunkler Machenschaften wie bei anderen Femmes fatales, sondern ein natürlicher Ausfluss ihres Wesens. Ihre Versuche, Johnny zurückzugewinnen, speisen sich aus einem emotionalen Bedürfnis, und was sie dabei anrichtet, scheint ihr vollkommen egal zu sein.

Gilda ist der Typ Verführerin einer Zeit, in der Männer allmählich ihr Gleichgewicht wiederfanden. Am Ende buhlt sie um Johnnys Zuneigung. Der letzte Teil des Films wirkt wie eine moderne Version von Shakespeares *Der Widerspenstigen Zähmung*. Johnny will Gilda eine Lektion erteilen. Sie rebelliert. Erst als beide einander zur Weißglut getrieben haben, strecken sie die Waffen und gestehen einander ihre Liebe. Als typische Femme fatale triumphiert Gilda zum guten Schluss nicht über die Männer, doch im Gegensatz zu den anderen Heroinen des Film noir gesteht sie ihre Fehler ein, bevor es zu spät ist. Am Ende ist Ballin tot, aber Johnny und Gilda beginnen gemeinsam ein neues Leben. Und der Zuschauer hat die Gewähr, dass Johnny seiner Ehefrau, die ihre herkömmliche Rolle nun akzeptiert hat, ein guter Mann sein wird.

Rita Hayworth als Gilda ist die Verkörperung der Femme fatale schlechthin. Sie ist schlank und groß, hat unendlich lange Beine und bringt ihre

Weiblichkeit nicht durch einen tiefen Ausschnitt, sondern durch eine geschmeidige, katzenhafte Grazie zur Geltung. Wenn sie mit ihren langen, wohlgeformten Fingern die Saiten ihrer Gitarre zupft und dazu *Put the Blame on Mame* singt, welcher Mann würde da nicht gern den Platz der Gitarre einnehmen?

Die Femme fatale ist oft rätselhaft, ihre Absichten und Gefühle sind undurchsichtig, und ihre Vergangenheit ist ein Scherbenhaufen aus zerbrochenen Träumen und gebrochenen Worten. Ihr Gesicht versteckt sie unter einem breitkrempigen Hut oder hinter einer Wolke aus Zigarettenqualm. Sie wirkt ein wenig schläfrig und hat eine tiefe, heisere Stimme. Die Räume, in denen sie sich aufhält, sind abgedunkelt, die Landschaften, durch die sie sich bewegt, beklemmend. (Gilda ist eine Tochter der Nacht, die ihre Männer in die Dunkelheit entführt.) Was in diesem teilweise verschwommenen Bild fehlt, ergänzt die Einbildungskraft der Zuschauer – die Spannung wird dadurch nur noch größer.

In dem Film *Gilda* (1946) streift Rita Hayworth bei der Darbietung des Titelsongs *Put the Blame on Mame* vielsagend ihren Handschuh ab. Mamoulian führte die hinreißende, katzenhafte Sinnlichkeit Rita Hayworths auf ihre Ausbildung als Tänzerin zurück.

Diese Verführerin mit langen Beinen und stählernem Kern hat etwas Maskulines an sich, strahlt jedoch eine Männern fremde, unverfälschte Sinnlichkeit aus. Ihre Opfer sprechen instinktiv darauf an, begreifen aber nicht, was vor sich geht. Sie fühlen sich zu ihr hingezogen und zugleich abgestoßen. Ihre widersprüchlichen Gefühle sind das Spannungselement des Film noir.

Die Femme fatale sucht einen Mann, der bereit ist, alles für sie zu riskieren. Zögert er, sorgt sie dafür, dass es weitergeht. Sie konzentriert sich voll und ganz auf ihr Ziel, ohne sich von den Widrigkeiten des Alltags ablenken zu lassen. Unbekümmert überschreitet sie die Grenzen des Schicklichen. Männer empfinden ihre Unverfrorenheit als Nervenkitzel. Ihr Symbol ist die Venusfliegenfalle: Sie wartet auf ihre Beute, um sie zu verschlingen. Und der Mann ist der furchtlose Forscher, der sie zu zerstören versucht.

DAS BILD DER VERFÜHRERIN UNTERLIEGT EINEM STÄNDIGEN WANDEL. Der vitale Vamp wurde vom blonden Busenwunder verdrängt, und auch die sinnliche Femme fatale fand ihren Gegenpol. Und wie in den 1930er Jahren triumphiert auch jetzt wieder eine Blondine, allerdings in einer domestizierten Variante: Die 1950er Jahre brachten das kurvenreiche, naive Sexkätzchen hervor.

Marilyn Monroe fordert den Betrachter auf, sich seinen Fantasien über sie hinzugeben. Auf der Leinwand verkörperte sie Frauen, die den Männern großzügig ihre Gunst gewähren.

Kapitel 9

Das Sexkätzchen

Nach dem Zweiten Weltkrieg räumten die Frauen Werkzeugkästen und Aktenordner weg und kehrten zu ihren häuslichen Pflichten zurück. Nachdem die Scheidungsrate unmittelbar nach Kriegsende angestiegen war, normalisierte sie sich bereits in den 1950er Jahren wieder, und anders als die Femme-fatale-Geschichten suggeriert hatten, brachten die Frauen nicht Unordnung und Chaos über die Gesellschaft. In den Fünfzigern hockten lächelnde Mütter inmitten einer Schar rotwangiger Kinder und verwöhnten ihre Familie allabendlich mit Hausmannskost. Die Männer saßen gesellschaftlich fest im Sattel.

Und so wurde das Bild der Verführerin wieder einmal der Wirklichkeit angepasst. Es war der richtige Zeitpunkt für das Comeback des süßen Blondchens, das sich dank seines zärtlichen, anschmiegsamen Wesens als erfreulich pflegeleicht entpuppte. Marilyn Monroe betrat die Szene. Nach den Strapazen, die sie mit der Femme fatale erlebt hatten, kamen die Männer mit Hilfe des Sexkätzchens wieder so richtig in Schwung.

Wie ihre Vorgängerin Jean Harlow machte Marilyn Monroe von Anfang an den Eindruck, mit ihrem Körper in Einklang zu stehen. In einer berühm-

Jayne Mansfield war das Busenwunder ihrer Zeit. Ihr »95-DD-Busen« soll für eine Million Dollar versichert gewesen sein.

ten Szene des Films *Das verflixte 7. Jahr* steht sie breitbeinig direkt im Luftstrom eines U-Bahn-Schachts und amüsiert sich darüber, dass ihr der weite Rock um die wohlgeformten Schenkel flattert. Wieder einmal weideten sich die Männer am Anblick von Frauen, die viel Haut zeigten und dies offenbar genossen. Dass Marilyn Monroe überdies noch unschuldig wirkte, verstärkte ihren Sexappeal. Als sie 1947 ihren ersten Film, *Scudda Hoo! Scudda Hay!*, drehte, erschien sie in knappen rosafarbenen Pullovern in der Kantine, unter denen sie ganz offensichtlich nichts trug. Der Schauspieler Ben Lyon, der sie zu Twentieth Century Fox gebracht hatte, riet ihr eines Tages, doch etwas mehr auf ihre Garderobe zu achten, woraufhin Marilyn gesagt haben soll: »Ich glaube, Ben steht nicht auf Rosa.«

Die Femme fatale hatte ihre Absichten verfolgt und Intrigen gesponnen. Ein Sexkätzchen wie Marilyn war einfacher gestrickt: Um ihren Sexappeal auf der Leinwand zur Geltung zu bringen, bedurfte es keiner ausgefeilten Plots. Sie brauchte nur die Tür zu öffnen, und schon sprühten die Funken. In *Love Happy* rauscht die Monroe ins Büro des Privatdetektivs Grunion (Groucho Marx) und erklärt, dass sie Hilfe brauche. Grunion fragte: »›Was für Schwierigkeiten haben Sie denn?‹ ›Ach Gott‹, erklärte Marilyn, ›immer heften sich mir Männer an die Fersen!‹ Dann fegte sie mit einer kessen Hüftschwenkung hinaus.«

Auf Männer wirkte Marilyn Monroes junger, vitaler, wohlproportionierter Körper ungeheuer anziehend. Gestern wie heute basiert die sexuelle Anziehungskraft eines Menschen auf dem unbewussten Wunsch des Gegenübers, die eigenen Gene an die nächste Generation weiterzugeben, und eine so junge, gesunde Frau wie Marilyn Monroe bot mit ihrem ausladenden Becken eine ideale Projektionsfläche für diesen Wunsch. Obwohl Männer

bei ihrem Anblick wahrhaftig an anderes als an die Zeugung von Kindern dachten, war dies der eigentliche Grund für ihr Begehren.

Die Monroe sah nicht nur hervorragend aus, sie erweckte auch den Anschein, verfügbar zu sein. In den 1950er Jahren studierte sie die Bewegungsabläufe der erfolgreichen Stripteasetänzerin Lili St. Cyr, die eine Show von großer Suggestivkraft ausgearbeitet hatte. Von ihr lernte Marilyn Monroe, ihre Lippen immer feucht und leicht geöffnet in die Kamera zu halten, um Männern baldige Befriedigung zu suggerieren. Ihr verdankte sie auch jenen leicht schläfrig wirkenden Blick aus halb geschlossenen Lidern, der ihr Markenzeichen wurde und zu vermitteln schien: »Ich habe gerade mit einem fantastischen Mann geschlafen; könnte sein, dass du der Nächste bist.« Sie stand immer zur Verfügung.

Auch die Brüste der Monroe sollten Geschichte machen. In den 1950er Jahren konnten sich die amerikanischen Männer an weiblichen Brüsten nicht satt sehen. Während des Krieges hatten Pin-up-Girls mit torpedoförmigem Busen Tornister und die Rumpfspitzen von Bombern verziert und so die Kampfmoral der Soldaten gestärkt. Als alles vorbei war, wollten die Soldaten nur noch nach Hause und ihren Kopf zwischen zwei großen,

Und immer lockt das Weib

In dem Film *Und immer lockt das Weib* aus dem Jahr 1956 bewies die noch junge Brigitte Bardot, dass Frauen ihre ungezähmte Natur zwar noch nicht verloren hatten, aber durchaus bereit waren, sich von einem – vorzugsweise jungen, durchsetzungsfähigen Mann – bändigen zu lassen. Juliette (Brigitte Bardot) ist eine wilde 17-jährige Waise, die wieder ins Waisenhaus zurück soll, weil ihre Pflegemutter nicht mehr mit ihr fertig wird.

Ihre ungemein starke sexuelle Ausstrahlung nimmt der Zuschauer schon wahr, als unter einer Leine mit Wäschestücken ihre nackten Füße zu sehen sind. Der bereits angegraute Yachtbesitzer Carradine will sie zu seiner nächsten Geliebten machen, der ehrgeizige Geschäftsmann Antoine sieht in ihr eine bekennende Hure, und sein jüngerer Bruder Michel möchte sie heiraten.

Um nicht wieder ins Waisenhaus zurückgehen zu müssen, nimmt Juliette Michels Antrag an. Unter dem Dach ihrer Schwiegermutter wird ihre Freiheit jedoch erneut eingeschränkt. Sie möchte ihrem Ehemann gefallen, doch ihr Temperament ist stärker. Sie besucht Carradine, der sie begehrt und gleichzeitig fürchtet, ihr zu verfallen. Juliette und Antoine lassen sich nach einer Auseinandersetzung am Strand dazu hinreißen, miteinander zu schlafen. Antoine sieht seinen ersten Eindruck von Juliette bestätigt: Sie kommt als Gefährtin für einen Mann nicht in Frage, weil sie zu rücksichtslos ist.

Die Brüder zerstreiten sich über Juliettes Treulosigkeit. Zutiefst verzweifelt, flüchtet Juliette sich in den Keller einer zwielichtigen Bar, um sich den rhythmischen Klängen einer Calypsoband hinzugeben. Weder Carradine noch Antoine wollen weiterhin etwas mit ihr zu tun haben. Michel aber will sie zurückgewinnen. Am Ende des Films ist der Zuschauer überzeugt, dass Michel für diese Mühe reichlich entschädigt wird. Denn wenn er das vitale Temperament seiner barfüßigen Wilden erst gezügelt hat, wird sie ihm eine gute Ehefrau sein.

weichen Brüsten vergraben. Und die Monroe hatte ein unvergleichliches Dekolletee.

In Marilyn Monroe paarte sich die Sexualität einer reifen Frau mit der anrührenden Verletzlichkeit eines Kindes. Beim Sprechen hauchte sie die Worte mit der Stimme eines kleinen Mädchens, das an den männlichen Beschützerinstinkt appelliert. Als Frau versprach sie Sex, als Kind gab sie sich offen und willig. Nach der Femme fatale, die mit weiblichem Charme und männlicher Aggressivität agierte, war das Sexkätzchen Monroe wie ein hübsch verpacktes Knallbonbon aus fraulicher Reife und kindlicher Unschuld.

Obwohl ihre schauspielerischen Fähigkeiten zunächst bescheiden waren und sie nur kurze Leinwandauftritte hatte, war sie auf Anhieb erfolgreich. Ihr Aussehen, ihr Gang, ihre zarte Stimme ließen die Männer dahinschmelzen. Die Monroe zeigte offen, dass sie es genoss, mit Männern ins Bett zu gehen. Außerdem kam ihr zugute, dass die Männer, mit denen sie sich auf der Leinwand einließ, nicht unbedingt zu den attraktivsten Typen gehörten, die Hollywood zu bieten hatte. Sie hatte eben auch noch ein Herz aus Gold. Diese Frau war einfach ein Glücksfall.

In den 1950er Jahren begann das Fernsehen dem Kino Konkurrenz zu machen. Die Kinofilm-Produzenten machten sich die Tatsache zunutze, dass Sexappeal auf den heimischen Fernsehbildschirmen eher als unschicklich erachtet wurde als im Kino. So ließen sie die Monroe in hautengen Kostümen und Badeanzügen auftreten, um ihren Sexappeal bis zum Äußersten zu steigern. Gleichzeitig wurde sie als Dummchen verkauft, damit sie keinem Mann die Schau stehlen konnte. In dem Film *Das verflixte 7. Jahr* macht ihr Mangel an Belesenheit einen wichtigen Teil ihres Charmes aus. Rachmaninow ist ihr

Durch den Film *Geächtet* (1943) von Howard Hughes erlangten Jane Russells Brüste Berühmtheit. Hughes hatte in wochenlanger Arbeit einen Büstenhalter entworfen, der sie optimal zur Geltung bringen sollte. Ein Richter in Maryland untersagte die Vorführung des Films mit der Begründung, Jane Russells Busen beherrsche die Leinwand so, wie »ein Hurrikan über die Landschaft fegt«.

unbekannt, aber sie hält seine Musik für »klassisch« – weil darin nicht gesungen wird. In *Blondinen bevorzugt* bringt sie ihre Lebensphilosophie auf den Punkt: Wenn sie wolle, könne sie auch schlau sein, aber die meisten Männer stünden halt nicht so auf schlaue Frauen. Sie liebten sie wegen ihres tollen Aussehens. Okay, sage sie, dann sollen sie sie halt anschauen!

Die Männer flogen auf Marilyn Monroe, weil sie sich anscheinend nur über ihre Rolle als Lustobjekt definierte. Daraus folgerten sie, dass sie nichts wollte als Sex und jederzeit zur Verfügung stand. Deshalb brauchten sie sich für ihr Begehren nicht zu schämen. Die Monroe mischte sich nicht in ihre Alltagsgeschäfte ein, denn sie verstand nichts davon, oder sie waren ihr einerlei. Sie wollte nur, dass ein Mann für sie da war. Und obendrein machte sie mit ihrer Vitalität und ihrer Erfahrung noch die müdesten Männer munter. Kein Wunder, dass die Männer in Massen in ihre Filme strömten. Noch heute schmücken Porträts von ihr die Wände zahlreicher Bars und Restaurants in aller Welt.

AUCH DEN ÜBERGANG VON DER FEMME FATALE ZUM SEXKÄTZCHEN haben die Männer unbeschadet überstanden. Die Femme fatale verblasste, als die strahlende Blondine auftauchte, die sich mit jeder Faser ihres Körpers den Männern verschrieb. Wenn man nur an den richtigen Fäden zog, so hofften die Männer, würden sich die rosaroten Hüllen des Sexkätzchens ebenso leicht auftrennen lassen wie die alten Gespinste der Femme fatale aus dunklen Machenschaften, Intrigen und Enttäuschungen. Nach den Vorstellungen der Hollywood-Größen aus den 1950er Jahren bestand das einzige Ziel einer Frau darin, den Mann ihres Lebens zu finden. Wieder einmal war die Frau das Lustobjekt für den Mann, und die Welt war in Ordnung.

Am Anfang von Nabokovs Roman gibt sich die Kindfrau Lolita ganz dem Augenblick hin. Der erschöpfte Humbert verzehrt sich vor Sehnsucht nach ihrer ungezwungenen Vitalität und redet sich ein, sie sei für ihn geschaffen. DOMINIQUE SWAIN IN *LOLITA*, 1997

Kapitel 10

Die Matrone und das Nymphchen

Die 1960er Jahre brachten wieder eine Phase der Entspannung im Geschlechterkampf. Mit der Verbreitung der Pille eröffnete sich die Möglichkeit, Sex allein zum Zweck des Lustgewinns zu haben. Die Bilder von der Verführerin wurden in allen Facetten durchgespielt. Und weil das Jahrzehnt durch den Gegensatz von Jugend und Alter geprägt war, werden im Folgenden zwei berühmte Verführerinnen vorgestellt, die die Grenzen der Generationen übersprangen: Auf der Leinwand verführte die unvergessliche Mrs Robinson einen jungen College-Absolventen, während sich in dem 1955 erschienenen Roman *Lolita* von Vladimir Nabokov ein in die Jahre gekommener Literaturprofessor von einer Kindfrau umgarnen lässt, die ihn an seine unerfüllte Jugendliebe erinnert.

Mrs Robinson

Dass ältere Frauen sich einen jüngeren Liebhaber nehmen, kommt vor, ist aber eher die Ausnahme. Nach darwinistischer Auffassung wählt eine Frau ihren Mann unter dem Aspekt, dass sie die Überlebenschancen ihrer Nachkommenschaft durch einen starken Beschützer verbessern kann. Weil Männer i. Allg. eine Weile brauchen, um es zu Ansehen und Geld zu bringen, bevorzugen Frauen oft ältere Partner. Ein Mann hingegen sucht eine gesunde, vitale Partnerin mit Fruchtbarkeitsgarantie, um seine Gene weitergeben zu können. Männer tendieren daher eher zu jüngeren Frauen.

Rein theoretisch kann sich eine Frau einem jüngeren Mann zuwenden, wenn sie ihr eigenes Auskommen hat und keinen Ernährer braucht. Häufig ist auch die Gesundheit und Vitalität des jüngeren Partners entscheidend – wobei hier nicht der Fortpflanzungstrieb, sondern die Sehnsucht nach der knisternden Erotik der Jugend im Spiel ist. Eine reife Frau sucht in ihren Beziehungen den sexuellen Kick und findet Gefallen an dem Gedanken, den aktiven Part zu übernehmen. Dies wiederum empfinden manche jungen Männer als anziehend.

In dem Filmklassiker *Die Reifeprüfung* (1967) übernimmt Mrs Robinson von Anfang an die Führung. Eines Abends ist sie zu Gast bei guten Freunden, die den College-Abschluss ihres Sohnes Ben feiern. Als die Party vorbei ist, folgt sie Ben ins Schlafzimmer, zündet sich eine Zigarette an, um den jungen Mann, der weder raucht noch trinkt, zu provozieren, und bittet ihn, sie nach Hause zu fahren. Ben ist schüchtern, sieht gut aus und ist unterwürfig genug, um sich herumkommandieren zu lassen. Er gibt ihr seine Autoschlüssel und schlägt ihr vor, seinen Wagen zu nehmen. Sie lehnt ab unter dem Vorwand, sich nicht mit der Schaltung auszukennen.

Als er sie vor ihrer Haustür absetzen will, fährt sie fort, ihn zu bezirzen. Will er noch auf einen Sprung mit reinkommen? Nein? Sie fürchte sich aber in dem leeren Haus. Aus Höflichkeit lässt er sich zu einem Schlummertrunk überreden. Kurz darauf klirren die Eiswürfel in Bens Glas; so rasch lässt sich eine Mrs Robinson nicht entmutigen. Ben versucht, standhaft zu bleiben. Angst steigt in ihm auf. Während sich Mrs Robinson völlig gelassen gibt, gerät Ben immer mehr aus der Fassung. Stolz wie ein Pennäler, der gerade eine knifflige Rechenaufgabe gelöst hat, platzt er schließlich heraus: »Mrs Robinson, Sie versuchen, mich zu verführen.« Mrs Robinson versichert ihm, dass dieser interessante Gedanke ihr nie gekommen sei.

Ben möchte seinen Lapsus wieder gutmachen und folgt ihr deshalb die Treppe hinauf ins Schlafzimmer, wo sie ihm angeblich ein Bild von ihrer Tochter Elaine zeigen möchte. Noch als Mrs Robinson ihren Schmuck ablegt, versucht Ben sich weiszumachen, dass das alles bedeutungslos sei. Als sie ihn dann auffordert, den Reißverschluss ihres Kleides zu öffnen, weigert er sich und will nach unten flüchten. Mrs Robinson tadelt ihn wegen seiner mangelnden Hilfsbereitschaft. Ben ist so durcheinander, dass er am liebsten davonlaufen würde. Doch Mrs Robinson schließt die Schlafzimmertür ab. Alles Weitere ergibt sich ohne Bens Zutun und gegen seinen Willen. Er verhält sich passiv. Immerhin hat er sie nicht gebeten, sich auszuziehen.

In der Regel wird erwartet, dass der Mann die Initiative ergreift. Deshalb ist Ben perplex, aber auch erleichtert, dass Mrs Robinson ihm diese Aufgabe abnimmt. Es gefällt ihm. Sie ist nackt, und er ist angekleidet. Sie ist ein Objekt, das er bewundern kann. Er schaut weg, er schaut hin, dann wieder weg und wieder hin. Andere Frauen im Alter seiner Mutter würden sich nie so zeigen, aber sie sind auch nicht so attraktiv. Mrs Robinson weiß, dass Ben den Anblick ihres nackten Busens so schnell nicht vergessen wird. Der Keim ist gelegt, nun braucht sie die Früchte nur noch zu ernten.

In der nächsten Szene trägt Ben einen Taucheranzug und bereitet sich

unter den Augen seiner Eltern und ihrer Freunde zum Sprung in den Pool vor. Unter Wasser verschwimmen die Konturen der familiären Welt jenseits des Pools. Er versucht, sich auf das ungewohnte Bild einzustellen. Und irgendwann stellt er fest, dass es ihm gefällt, die Welt der anderen durch diese neue Linse zu betrachten. Einige Tage später ruft er zitternd bei Mrs Robinson an und verabredet sich mit ihr im »Taft Hotel«.

Ben hat zweifellos Fortschritte gemacht. Er trinkt und raucht. Aber als er für Mrs Robinson einen Drink bestellen möchte, gelingt es ihm nicht, die Aufmerksamkeit eines Kellners auf sich zu ziehen. Sie zeigt ihm, wie er es anstellen muss. Amüsiert nimmt sie zur Kenntnis, dass er sie auf sein Zimmer bittet, ohne ihr seine Zimmernummer zu geben. Sie behandelt ihn wie eine nachsichtige Mutter, wie eine Lehrerin, die ihren Schüler zum Erfolg führen möchte.

Im Hotelzimmer übernimmt sie wieder die Führung. Er schaltet das Licht aus, sie schaltet es an. Sie hilft ihm, wenn er nicht weiterweiß. Macht er einen Fehler, lässt sie ihn die Aufgabe wiederholen. Er braucht sich seiner Unerfahrenheit nicht zu schämen, weil sie genau das an ihm mag. Seine Angst zu versagen ist ihr Aphrodisiakum. Die Ehe mit ihrem erfolgreichen Ehemann hat sie satt. Der junge, naive Ben bietet ihr – wenn auch nur vorübergehend – die Chance, all das wiederzufinden, was sie verloren hat. Und Ben ist glücklich und erleichtert, dass er etwas zu bieten hat, was sie begehrt.

Ben hat zwar die College-Prüfung bestanden, ist aber nach Ansicht von Mrs Robinson noch nicht bereit für die große weite Welt. Sie wird seine Bildungslücken schließen.

Eine Frau wie Mrs Robinson nährt einen alten Männertraum. In einer Welt, die das Männlichkeitsideal des potenten Zuchthengstes pflegt, ist eine Frau mit klaren Vorstellungen davon, was geht und was nicht, wie ein Silberstreif am Horizont. Ben braucht niemandem etwas vorzumachen und keine Angst davor zu haben, bestraft zu werden. Als er jedoch Zweifel äußert, Mrs Robinson auch in Zukunft gerecht werden zu können, verhöhnt sie ihn und droht ihm, ihn zu verlassen. Seine Angst, sie zu verlieren, versetzt ihm den Adrenalinstoß, den er braucht, um durchzuhalten.

Selbst in den liberalen 1960er Jahren war generationenübergreifender Sex noch tabu. Folglich hatte eine Verführerin wie Mrs Robinson eine unverbesserliche Egoistin zu sein. Die Wonnen, die sie Ben zu bieten hat, können ihn auf Dauer jedoch nicht befriedigen. Seine Beziehung zu ihr erweist sich als kleine Spritztour auf einer Reise, die ihn in das Eheglück mit einer jüngeren Frau führen soll.

Am Ende des Films begehrt Ben nicht mehr die erfahrene Mrs Robinson, sondern ihre keusche Tochter Elaine. So wie die griechischen Schiffer, denen die Sirenen erst, nachdem sie verstummt waren, in ihrer wahren Gestalt erschienen, nimmt Ben die Schattenseiten von Mrs Robinson erst in dem Moment wahr, als er trotz ihres Verbots mit ihrer Tochter ausgeht. Unter der verführerischen Fassade kommt ein hässliches altes Weib mit den Krallen einer Harpyie und den Schlangenhaaren einer Gorgo zum Vorschein. Ben muss sich ihrem Zugriff entziehen, bevor es zu spät ist.

In einer Zeit stärkerer Repressionen hätte Mrs Robinson Ben in den Untergang getrieben. In den 1960er Jahren jedoch wird ihr Zauber durch die wahre Liebe zweier junger Menschen außer Kraft gesetzt. Die junge, reine Frau triumphiert über die gerissene Verführerin, und Elaine kann Ben sogar

In Stanley Kubricks Film *Lolita* (1962) hält Humbert die Titelheldin (Sue Lyon) für die Reinkarnation seiner ersten Liebe, Annabel. Kaum hat er die Tochter seiner Pensionswirtin erblickt, ist er völlig hingerissen. »Und dann, ohne die geringste Warnung, erhob sich eine blaue Meereswelle unter meinem Herzen. (...) Die fünfundzwanzig Jahre, die ich seitdem durchlebt hatte, liefen in einer zitternden Spitze zusammen und entschwanden.«

verzeihen, dass er mit ihrer Mutter geschlafen hat. Nach der bestandenen »Reifeprüfung« ist er ganz erpicht darauf, endlich selbst die führende Rolle in der Partnerschaft zu übernehmen.

Die Schlussszene des Films lässt darauf schließen, dass dem Publikum seinerzeit durchaus einiges zugemutet werden konnte: Als Ben und Elaine nebeneinander im Autobus sitzen, scheint Ben eher seinen Gedanken an die Vergangenheit nachzuhängen, als in die Zukunft zu schauen. Die Frage, ob er die richtige Entscheidung getroffen hat, bleibt offen. Wird er mit Elaine glücklich werden? Oder hätte er alle Konventionen über Bord werfen und sich für Mrs Robinson entscheiden sollen?

Lolita

Ben kann zwischen zwei Frauen wählen. Humbert Humbert, der in dem Roman *Lolita* dem gleichnamigen Mädchen nachstellt, hat nicht so viel Glück. Er kann seine Fantasie zwar ausleben, wird seinem Schicksal aber nicht entgehen. Denn er bewegt sich auf einem gefährlicheren Terrain als Ben: Sein Begehren gilt einem Kind.

Während Mrs Robinson Bens Verführung planmäßig inszeniert, verführt Lolita Humbert durch ihr bloßes Dasein. Aufgrund seiner Erfahrungen und seiner persönlichen sexuellen Neigungen ist Humbert prädestiniert dafür, auf Lolitas Anblick zu reagieren. Als er die zwölfjährige Lolita zum ersten Mal im Garten seiner Wirtin erblickt, ist ihm sofort klar, dass er sie haben muss, selbst wenn er die Wirtin würde heiraten müssen, um ans Ziel zu kommen.

Obwohl Lolita eher unschuldig-kindlich wirkt, schlägt sie Humbert ganz in ihren Bann. Sie hat für ihn den Liebreiz einer Sirene: »Wie kommt

es, dass die Art, wie sie geht – ein Kind, wohlgemerkt, ein bloßes Kind –, mich so ungeheuer erregt? (. . .) Die Zehen eine Spur einwärts. Eine Art schlenkriger Lockerheit unter der Kniekehle, bis der Fuß auftritt.«

Wer sich davon erregen lässt, muss eine ausgeprägte pädophile Neigung haben. Selbst der vulgäre Slang der Kleinen bringt den ansonsten so feinsinnigen, kultivierten Europäer Humbert in Wallung. Aber aus seiner Perspektive kann sie ihn nur bezaubern.

Lolita versteht nicht genau, was er von ihr will, begreift aber offenbar, dass sie begehrenswert ist. In seinem Blick sieht sie sich gespiegelt, und mit der Zeit lernt sie, seine Gefühle zu manipulieren. Wesentlich länger dauert es, bis sie herausgefunden hat, wie sie sich seinen leidenschaftlichen Gefühlen für sie entziehen kann. Und so wird ihre Kindheit zwischen seinem Verlangen und ihrem brennenden Wunsch, sich von ihm zu lösen, aufgezehrt.

Von Anfang an fühlt Humbert sich durch Lolita an seine verstorbene Jugendliebe Annabel erinnert, die ihm unablässig im Kopf herumgeistert. Als Lolita in sein Leben tritt, wird sie zur Projektionsfläche seiner sexuellen Fantasien. Lolita ist eine Verführerin – aber nur deshalb, weil er sie dazu macht. Humbert pflanzt Lolita die Saat der Verführung ein. Er beschreibt sie als Nymphchen, als eine jener verführerischen Kindfrauen, die ihre Reize nur ihm offenbaren. »Man muss ein Künstler sein, und ein Wahnsinniger obendrein, (. . .) um an unbeschreibbaren Anzeichen – der leicht geschwungenen Raubtierkontur eines Backenknochens, dem Flaum an den schlanken Gliedern und anderen Merkmalen, die aufzuzählen mir Verzweiflung, Scham und Tränen der Zärtlichkeit verbieten – sofort den tödlichen kleinen Dämon unter den normalen Kindern zu erkennen.« Doch im selben Atemzug rechtfertigt er sie als unschuldiges Kind: »Da steht sie, von ihnen unerkannt und ihrer mythischen Macht selber nicht bewusst. Ach, wie sehr man sich zu ducken und zu verkriechen hat.«

Um Lolita nahe zu sein, heiratet Humbert ihre Mutter. Als diese tödlich verunglückt, nimmt er die Tochter auf eine Reise mit. Seine geheimsten Hoffnungen werden wahr. Nachdem er lange überlegt hat, wie er es anstellen soll, um mit ihr das Zimmer zu teilen, und ob er ihr ein Schlafmittel verabreichen und sie im Schlaf vergewaltigen soll, macht sie ihm zu seiner Verblüffung von sich aus Avancen. So werden sie ein Liebespaar.

Sie lassen sich in irgendeiner Stadt nieder und geben sich als Vater und Tochter aus. Humbert lehrt an der Universität, und Lolita besucht eine Mädchenschule. Sie wird sich ihrer Macht bewusst und verlangt Geld für ihre Liebesdienste. Als das Objekt seiner Begierde einen eigenen Willen zeigt, bricht Humberts Welt zusammen. Zudem gibt es Anzeichen dafür, dass weitere Freier sich die Verletzung, die Humbert Lolitas Seele zugefügt hat, zunutze gemacht haben.

Als Lolita den Bogen überspannt, packt Humbert sie neben sich ins Auto und hofft, dem Schicksal davonfahren zu können. Lolita zeigt sich überraschend kooperativ. Obwohl Humbert sich darüber im Klaren ist, dass er mit seinem Nymphchen nicht bis in alle Ewigkeit durch die Lande ziehen kann, weiß er sich keinen anderen Rat. Er redet sich ein, es mit dem Körper »eines unsterblichen Dämons, verkleidet als weibliches Kind« zu tun zu haben, das dafür sorgt, dass er sich mit jeder Faser seines Körpers nach ihm verzehrt. In anderen Zeiten hätte er mit dieser Mär wohl überzeugt, aber Humbert ist ein moderner Mann und weiß sehr wohl, dass die Gründe seines Lasters in ihm selbst liegen. Auch Lolitas Flucht in die Arme von Quilty, einem noch skrupelloseren Pädophilen, hat Humbert zu verantworten. Und selbst als Lolita sich vor Quilty in die Ehe mit einem mittellosen, aber rechtschaffenen Mann rettet, beherrscht sie Humberts Fantasie. Er wird immer für sie da sein und ihr helfen, ohne etwas von ihr dafür zu verlangen. Ihr zuliebe ermordet er Quilty und geht dafür ins Gefängnis. Doch ihre verlorene Kindheit kann er Lolita dadurch nicht zurückgeben. Ihr Schicksal legt sich wie eine Schmutzschicht über seine Träume von der toten Annabel.

IN DEN 1960ER JAHREN, die mit der Erfindung der »Pille« begannen und mit dem Beginn der Frauenbewegung endeten, bot sich Gelegenheit für sexuelle Experimente, ohne dass es schon Anzeichen für eine drohende Machtergreifung der Frauen gab. Die Männer konnten mit dem Image der Verführerin spielen und ihren Fantasien freien Lauf lassen. Es dauerte jedoch nicht lange, bis die Frauen verlorenes Terrain zurückeroberten und den Männern von neuem Angst einjagten: Die Verführerin wurde anspruchsvoller.

James Bond und die Frauen

Eine seit den 1960er Jahren durch die Filmwelt geisternde Verführerin ist die gefährliche Agentin, die den unerschrockenen britischen Geheimagenten 007, James Bond, verfolgt. Im Laufe der Jahre hat sie sich nacheinander die Dessous des Sexkätzchens, die Pfennigabsätze der Femme fatale und die sexuelle Freizügigkeit der Gespielinnen aus den 1960er Jahren zugelegt. Ihrem weltgewandten, blendend aussehenden männlichen Pendant, das von seinem Auftraggeber mit modernster Hightech ausgestattet wird, kann sie aber nicht das Wasser reichen. Dem konservativen Weltbild der vorfeministischen Ära getreu, existiert sie nur, um von Männern bezwungen zu werden.

Film um Film darf James Bond das Liebesspiel mit den schönsten Frauen der Welt genießen und sicher sein, dass sie seine Avancen erwidern, sein Begehren erfüllen, sein feines Gespür für die geringsten Anzeichen einer Gefahr aber nicht außer Kraft setzen werden. Noch mit der gefährlichsten Widersacherin geht er eine emotionale und sexuelle Verbindung ein – ein Beweis dafür, dass keine ihm widerstehen kann.

Diese Verführungsfantasie ist so erfolgversprechend, dass Bond bis heute schöne Frauen an die Seite gestellt bekommt, die nichts als seine Zerstörung im Sinn haben. Dank der Fortschritte der Frauenbewegung sind die attraktiven Agentinnen zwar raffinierter, stärker und muskulöser geworden, aber Bond zieht sie noch immer mühelos in sein Bett und ist und bleibt schlauer als sie. Hier haben wir endlich einen modernen Odysseus, der sich nicht am Schiffsmast festbinden lassen muss, um den Sirenen zu entkommen: Mit unverstopften Ohren und (meist) leeren Händen überquert er gefährliche Wasser, kostet die Wonnen der Liebe aus und kommt dennoch immer wieder heil ans Ziel.

In dem Film *Basic Instinct* (1992) zeigt die eiskalte, berechnende Catherine Tramell (Sharon Stone) ihre Verachtung für Konventionen, indem sie in provozierend freizügiger Kleidung zum Verhör erscheint und sich über das Rauchverbot hinwegsetzt.

Kapitel 11

Die Killerin

Die 1960er Jahre waren die Zeit der Blumenkinder und der freien Liebe. Auch die Frauenbewegung kam damals in Schwung. 1963 trat ein US-Bundesgesetz zur Gleichbehandlung von Männern und Frauen im öffentlichen Dienst in Kraft, und seit 1964 verbietet der *Civil Rights Act* die geschlechtsspezifische Diskriminierung im Arbeitsleben. 1974 wurde erstmals eine Frau zur Gouverneurin gewählt, und 1981 wurde am Obersten Gerichtshof die erste Bundesrichterin ernannt. 1992 bewarben sich so viele Frauen wie nie zuvor in der Geschichte der Vereinigten Staaten um politische Ämter und erhielten sie auch. Die Vereinten Nationen erklärten den Zeitraum von 1975 bis 1985 zum Jahrzehnt der Frauen. Zehn Jahre später, 1995, stand die Frauenfrage im Brennpunkt des UN-Menschenrechtskongresses in Peking. An der Schwelle zum 21. Jahrhundert begannen die Frauen, die den Männern in puncto Bildungsniveau inzwischen ebenbürtig und oft sogar überlegen waren, die Chefetagen zu erobern.

Mit fortschreitender Gleichstellung brachen gelegentlich wieder die alten Männerängste durch, die in ultrakonservativ-religiösen Forderungen nach der Rückkehr der Frauen an den häuslichen Herd kulminierten. 1990 wurde im US-Staat Colorado eine religiöse Männervereinigung namens »Promise Keepers« gegründet, die den Männern nahe legte, ihre Rechte als Familienoberhäupter wieder einzufordern. Wie massiv die alten Ängste hervorbrachen, beweist auch die Entstehung eines neuen Typs der gefährlichen Verführerin, der in den letzten drei Jahrzehnten des 20. Jahrhunderts die Leinwand beherrschen sollte: die eiskalte Killerin, eine intelligente, gebildete, erfolgreiche Frau, die nur ihren eigenen moralischen und sexuellen Vorstellungen folgt.

In *Basic Instinct* spielt Sharon Stone die skrupellose Autorin Catherine Tramell. Der Film beginnt mit einer Bettszene. Als der Mann den Höhepunkt der Lust erreicht, also am verletzlichsten ist, ersticht seine Partnerin ihn mit einem Eispickel. Sie liegt oben, was nicht weiter überrascht. Der schlimmste Albtraum eines Mannes wird wahr: Sex mit einer attraktiven, aber gefährlichen Frau als Akt der Selbstzerstörung. Diese Szene ist außerdem eine schöne Illustrierung einer Theorie aus dem 19. Jahrhundert, nach der ein Mann nur über einen begrenzten Samenvorrat verfügt. Jeder Samenerguss schwächt seine Lebenskraft und bringt ihn dem Tod ein Stückchen näher. Die Mörderin lässt ihn sozusagen in doppelter Hinsicht zur Ader: Wenn der Samen erschöpft ist, nimmt sie sein Blut.

Wie in den »schwarzen« Filmen der 1940er Jahre ist der männliche Protagonist in *Basic Instinct* ein Mann von Recht und Ordnung. Michael Douglas verkörpert den Kriminalbeamten Nick Curran, der im Eispickelmord von San Francisco ermittelt. Doch die Figur ist brüchiger komponiert als beispielsweise die Rolle des Neff in *Frau ohne Gewissen*. Nick hat Alkoholprobleme und ist drogensüchtig; außerdem hat er den Finger zu schnell am Abzug. Catherine weiß, dass er ein Touristenpaar erschossen hat und vermutlich von seinem Vorgesetzten gedeckt wird. In seiner Abteilung – die ausschließlich aus Männern besteht – ist der Teufel los. Catherine nutzt ihren Spielraum: Wie die klassische Verführerin schlägt sie aus Nicks persönlichen Schwächen und dem Misstrauen, das seine Kollegen ihm entgegenbringen, Kapital.

In *Basic Instinct* löst die physische Präsenz einer Frau eine Kette von Ereignissen aus, an denen die Männerwelt zu zerbrechen droht. Catherine ist groß, kühl und blond. Sie ist sich ihrer erotischen Ausstrahlung vollauf bewusst – und amüsiert sich über die Effekte, die sie damit erzielt. Während eines Verhörs stellt sie ihre körperlichen Vorzüge mit Kalkül zur Schau und bekennt unverblümt, dass sie den Sex mit dem Ermordeten sehr genossen habe. Dann spreizt sie langsam die Beine, gewährt den Beamten einen Blick auf das, was sie unter ihrem knappen Rock trägt – nämlich nichts –, und weidet sich an deren Unbehagen. Einmal beobachtet Nick sie dabei, wie sie sich vor der Fensterfront ihres Schlafzimmers auszieht.

Catherine lässt keinen Zweifel daran, dass Sex ihr ausschließlich der körperlichen Befriedigung dient und nicht zu einer emotionalen Bindung führt. Dieses Verhalten steht in krassem Widerspruch zu dem, was Männer über Frauen zu wissen meinen. Catherine hat eine ultrafeminine Ausstrahlung und eine ultramaskuline Sexualität. Diesen Widerspruch aufzulösen ist eine Aufgabe, die Nick ganz besonders reizt.

Wie die Femme fatale weckt Catherine in Nick sowohl seinen Geschlechtstrieb als auch seinen Drang, sich mit anderen Männern zu messen. Sie stellt ihren Körper zur Schau und manipuliert seine Fantasie, damit er Feuer fängt. Nick beißt an. Er will aus dieser Frau, die mit den Männern spielt, eine konventionelle Partnerin machen, die sich in ein traditionelles

Rollenschema fügt, und ist überzeugt davon, dass ihm das gelingen wird. Woher sollte er wissen, dass gerade seine Selbstgewissheit ein wichtiger Bestandteil ihres Plans ist?

Catherine weiß, wie wichtig es ist, Nick dazu zu bringen, sich als ihr Liebhaber zu betrachten. Bereits in der Verhörszene zu Beginn des Films stachelt sie seine sexuellen Fantasien an: »Ich bin auf nichts fixiert, Nick. Ich lasse mich treiben.«

Als Nick ihr entgegenhält, dass es ihr doch angeblich gefalle, wenn ein Mann seine Hände benutze, stellt sie klar, dass dies nur für den Ermordeten gegolten habe, und gibt Nick so zu verstehen, dass sie bereit ist, sich auf seine Wünsche einzulassen. Und um sicherzustellen, dass er anbeißt, ergänzt sie: »Haben Sie schon mal auf Koks gefickt, Nick?« Dann schlägt sie die Beine auseinander und wieder übereinander, gewährt ihm eine Denkpause und versichert: »Das ist toll!«

Um Nick scharf zu machen, gibt Catherine den Beamten zu verstehen, dass allein sie darüber entscheidet, wann und mit wem sie Sex hat. Die Frage, ob sie in der Mordnacht mit jemandem zusammen gewesen sei, verneint sie – nicht ohne hinzuzufügen, dass sie einfach nicht in Stimmung gewesen sei. Catherine weiß, was sie will, und im Gegensatz zu Nick und seinem Kollegen Gus, deren Geschlechtsleben eher brachliegt, hat sie die Wahl unter vielen potenziellen Sexualpartnern. Sie zieht Frauen wie Männer in Schwärmen an.

Die Verführerin vom Ende des 20. Jahrhunderts verfügt über einen bemerkenswerten IQ, den entsprechende Abschlüsse belegen. Catherine hat in Berkeley studiert und in Psychologie und Literatur mit magna cum laude promoviert. Dank ihrer Kenntnisse kann sie die Männer nicht nur auf sexuellem, sondern auch auf intellektuellem Gebiet an der Nase herumführen. Obwohl Nick in ihr zunächst die Hauptverdächtige sieht, ändert er seine Meinung nach seiner ersten Liebesnacht mit ihr. Sein Partner Gus durchschaut die Ursache für diesen Sinneswandel sofort: »Die hat dir mit ihrer Magna-cum-laude-Pussy das Gehirn frittiert!« Aber Nick hält stur an seiner Meinung fest.

Die von Männern geschaffene Ordnung ignoriert Catherine einfach (etwa, indem sie sich während des Verhörs trotz des ausdrücklichen Rauchverbots eine Zigarette anzündet), sie setzt sie außer Kraft (indem sie den Lügendetektor überlistet), und sie missbraucht sie (um den späteren Mord an Gus einer Unschuldigen anzuhängen).

Sie hat alles im Griff und ist dabei doch ständig auf der Suche nach dem ultimativen »Kick«. Mit ihrem mörderischen Fahrstil verlockt sie Nick zu einer halsbrecherischen Verfolgungsjagd durch die kalifornischen Berge. Als er mit knapper Not dem Zusammenprall mit einem entgegenkommenden Bus entgeht, beschließt er, lieber sie aus den Augen als sein Leben zu verlieren. Doch dieses Intermezzo ist nur ein Vorgeschmack auf einen anderen, intimeren Nervenkitzel. Als Nick zum ersten Mal mit Catherine ins Bett geht, fesselt sie seine Hände genau so ans Bettgestell, wie der Ermordete gefesselt war. Das ist eine Mutprobe: Wird er sich darauf einlassen, obwohl er sie des Mordes verdächtigt? Sie weiß genau, was in ihm vorgeht, und sie weiß, dass die Angst seinen Orgasmus intensivieren wird. Und so geschieht es. Nick erlebt den »Fick des Jahrhunderts«. Und weil danach kein Eispickel gezückt wird, glaubt Nick, er habe das Böse mit seinem Blick bezwungen.

Nach der Ermordung von Nicks Partner Gus sucht Catherine Nick in seiner Wohnung auf und schwört ihm, nichts mit dem Mord zu tun zu haben.

Ein knapper Fummel, reichlich Hautkontakt, und der Funke springt über. Zentimeter für Zentimeter tastet der Mann ihren Körper ab und denkt nicht an morgen.
SHARON STONE UND MICHAEL DOUGLAS IN *BASIC INSTINCT*, 1992

Sie weiß, wie sehnsüchtig er auf diesen Moment gewartet hat, und gewinnt sein Vertrauen durch eine raffinierte Demonstration verzweifelter Trauer und Bedürftigkeit. Überzeugt davon, dass sie verletzlich ist und ihn braucht, schläft er mit ihr, um ihr zu zeigen, dass er ihren Schmerz lindern kann.

Als Catherine ihm die Frage stellt, was aus ihnen werden soll, liegt der Eispickel schon in Reichweite – für den Fall, dass Nick ihr Spiel durchschaut. Aber seine Antwort zeigt ihr, dass er keinen Verdacht hegt. Er ist überzeugt davon, zu ihrem weichen Kern vorgedrungen zu sein, und glaubt, dass sie ihren Rachefeldzug gegen den Rest der Welt beenden wird, um bei ihm zu bleiben. Die Zuschauer sind sich da nicht so sicher. Dank eines Kameraschwenks wissen sie, dass der Eispickel unter dem Bett liegt.

In *Basic Instinct*, einem Film noir der 1990er Jahre, ist also der männliche Protagonist gebrochener und die Frau unabhängiger als in früheren Filmen des Genres. Sie braucht weder sein Geld noch seinen Einfluss. Seit der Frauenbewegung der 1970er und 1980er Jahre ist den Frauen nicht mehr über den Weg zu trauen. Sie haben den gleichen Bildungsstand (Catherines Doktortitel), sie sind erfolgreich (Catherine ist eine berühmte Krimiautorin), und sie haben Einfluss (Catherine ist steinreich). Trotzdem vermitteln sie Männern das Gefühl, dass ihnen das Erreichte nicht genügt. Doch was wollen sie noch?

Die Figur der raffinierten Psychopathin Catherine Tramell ist der Versuch, diese Frage zu beantworten. Sie ist eine Frau, die sich den Männern überlegen fühlt; mal sehen, wohin das führt! Eine wie sie gibt sich nicht damit zufrieden, zu Hause herumzusitzen und ihre Bücher zu schreiben. Sie muss hinaus und Chaos über die Welt bringen. Sie ist eine skrupellose Killerin. Als Nick sich zwischen seiner zuverlässigen Ex-Freundin und der

gefährlichen Verführerin, die ihn verraten wird, entscheiden muss, wählt er das Risiko. Beide Frauen sind schön und sexy, aber gefährlich ist nur die eine. Sie für sich zu gewinnen muss einem Mann, der sich etwas beweisen muss, alles bedeuten.

Die Killerin sucht einen Mann, der auf Knopfdruck reagiert – einen Mann, dessen Reaktionen sie voraussieht und der in ihrer Hand zum willenlosen Werkzeug wird. Der nüchterne Gus warnt Nick vor falschen Hoffnungen: »Dir flattern 'n paar abgefuckte Kolibris durchs Gehirn.« Doch Nick hört nicht auf ihn. Er stellt ihr nach und glaubt in seiner Anmaßung, sie bezwingen zu können. Doch für sie ist er das beste Mittel zum Zweck.

IN DER ART EINES MORALISCHEN LEHRSTÜCKS reflektiert dieser Film die Ängste, die Männer in den 1990er Jahren vor starken, erfolgreichen Frauen entwickelt haben. Diesen Frauen ist nicht zu trauen, weil sie mit dem Erreichten nie zufrieden sind. Weil der Vorsprung der Männer sich bedenklich verringert hat, müssen sie sich mehr denn je darum bemühen, die vollständige Gleichstellung der Frau zu verhindern. Eine Frau, die klug, erfolgreich und attraktiv ist – die Vorstellung ist zu schön, um wahr zu sein. Diejenigen, die ihr auf die Schliche gekommen zu sein glauben, fuchteln wie verrückt hinter einer schalldichten Scheibe herum in der Hoffnung, ihre Geschlechtsgenossen vor ihr warnen zu können, ehe es zu spät ist.

Verhängnisvolle Affären

Als die Feministinnen in der zweiten Hälfte des 20. Jahrhunderts den Männern ihre Privilegien streitig machten, schwankten diese zwischen Angst und Anpassung. In jedem der drei Filme, um die es hier gehen soll, steht eine Psychopathin im Mittelpunkt. Mit zunehmender Gewöhnung der Männer an progressive Frauen verschwand dieser Frauentyp allerdings schnell wieder von der Leinwand.

In den Filmen *Play Misty for Me* (1971) und *Eine verhängnisvolle Affäre* (1987) verbirgt sich hinter einer normalen Fassade eine im wahrsten Sinne des Wortes kranke Verführerin. In *Play Misty for Me* öffnet Clint Eastwood in der Rolle eines Rundfunk-DJ einer attraktiven Frau die Tür, die offensichtlich die Nacht mit ihm verbringen möchte. Als er sich weigert, wird sie zur Mörderin. In *Eine verhängnisvolle Affäre* geht Michael Douglas einer Frau in die Falle, mit der er sich eigentlich nur eine Nacht lang amüsieren wollte. Glenn Close in der Rolle einer gewalttätigen Psychopathin versucht gnadenlos Besitz von ihm zu ergreifen. In beiden Filmen gelingt es dem Mann mit Hilfe seiner treuen, liebevollen Partnerin, über die Männer mordende Verführerin zu triumphieren.

In *Die letzte Verführung* (1994) stehen die Dinge schlimmer, denn die Männer müssen erkennen, dass ihre Privilegien noch rascher dahinschwinden als befürchtet. In diesem Film geht es der Verführerin nicht um den Mann an sich, sondern um die Macht, die er ihr verschaffen kann. In den Fängen dieser teuflischen, berechnenden, gerissenen Frau ist er verloren. Die Figur der Linda Fiorentino ist wie die der Catherine Tramell als Warnung an den modernen Mann zu verstehen: Wenn Frauen erst ihre Unabhängigkeit erlangt haben, werden sie die Männer wohl nur noch verführen, um sie für ihre Zwecke zu missbrauchen und dann zu entsorgen.

Mae West war von der Wirkung der richtigen »Verpackung« auf die männliche Fantasie überzeugt. Ihre hautengen Kleider betonten ihre vollen Hüften und großen Brüste. Auf diesem Bild wirkt sie wie eine schaumgeborene Liebesgöttin.

Kapitel 12

Die Top-Frau

Traditionell waren es Männer, die Geschichten von verführerischen Frauen erzählten. Ihre Fiktionen reflektierten ihre Fantasien und Ängste. Sie erschufen Frauen mit zerstörerischen Kräften und solche, die ihnen unterlegen waren, aber auch die Frau ihrer Träume, nach der sie suchten, ohne sie je zu finden. Doch allmählich wurden die Frauen selbstbewusster und konfrontierten die Männer mit der weiblichen Sexualität. Viele dieser Leitfiguren waren Künstlerinnen, die ihre Verführungsfantasien über die Bühne oder die Medien verbreiteten. Eine Pionierin auf diesem Gebiet war die Schauspielerin Mae West, die zunächst zwei Jahrzehnte lang auf amerikanischen Varieté-Bühnen auftrat, um dann in den 1930er Jahren die Hollywood-Zensur mit skandalträchtigen Auftritten zu schockieren.

Mae West

Die resolute Mae West stand bereits mit 13 auf der Bühne. 25 Jahre lang arbeitete sie für die amerikanischen Vaudeville-Bühnen, um dann im Sommer 1932 mit 38 Jahren die Festung Hollywood zu erstürmen. Zu diesem Zeitpunkt galt sie bereits als Sexsymbol und betonte dieses Image durch hautenge Schlauchkleider, überdimensionierten Schmuck und exotische Federaccessoires. Ein Rezensent schrieb anlässlich ihres Auftritts in ihrem Stück *Sex*, dass »ihr Körper wie ein Bergkristall gefunkelt und eine einzige Wolke berauschender Düfte verbreitet« habe. In Hollywood soll sie die Frauen, die ihr beim Ankleiden halfen, angefeuert haben: »Feste, Mädels, ich mag's stramm!« Noch als Greisin nahm sie sich das Recht, auf der Leinwand für eine freie, lustvolle Sexualität – unter weiblicher Führung – zu werben.

Vor Beginn ihrer Leinwandkarriere hatte Mae West mit ihrem selbst verfassten Stück *Sex*, in dem sie auch die Hauptrolle spielte, am Broadway Furore gemacht und sich wegen unschicklichen Verhaltens eine zehntägige Haftstrafe eingehandelt. Ein Polizist hatte ausgesagt, er habe »während der Vorstellung etwas in ihrer Körpermitte gesehen, das sich von Ost nach West bewegt habe«. Wegen guter Führung wurde sie bereits nach neun Tagen aus der Haft entlassen. Den Reportern erzählte sie, der Gefängnisaufenthalt habe ihr eine längst überfällige schöpferische Pause und die Gelegenheit beschert, wertvolle Informationen für ihr nächstes Stück über die Schattenseiten des Lebens zu sammeln. Mae West verkörperte durchweg promiskuitive Charaktere, die sich jedoch einem eigenen strengen Moralkodex verpflichtet fühlten. In ihrer Welt gab es immer Männer, die nur darauf warteten, ihrer erotischen Ausstrahlung zu erliegen.

Mae West konnte sich dieses Vertrauen in ihren Sexappeal zeitlebens bewahren. Einen ihrer ersten Bühnenauftritte absolvierte sie mit kunstvoll auf ihrem nackten Körper drapierten Fächern. Dann wandte sie sich dem afroamerikanischen Schütteltanz Shimmy zu, den sie in einschlägigen Clubs kennen gelernt hatte. Bei einem Bühnenauftritt im Chicagoer »Majestic

Theater« 1917 sollen ihr im Eifer des Gefechts die Strassplättchen vom Kleid gesprungen sein. Aber eigentlich brauchte Mae West gar nicht zu tanzen, um sexy zu wirken. Als sie z. B. ein Jahr später im »Schubert Theater« am Broadway auftrat, löste sie bereits Begeisterungsstürme aus, als sie nur auf der Bühne hin und her ging.

Auch klare Worte hatte sie nicht nötig. Bei der Gerichtsverhandlung zu *Sex* konnte die Staatsanwaltschaft keine einzige Zote im Text entdecken und folgerte daraus: »Miss Wests Persönlichkeit, ihre Erscheinung, ihr Gang, ihre Posen und Gebärden machen das Stück so anzüglich.« Über *Diamond Lil* schrieb ein beeindruckter Kritiker namens Leonard Hall im *New York Evening Telegram*, Mae West sei für einen Mann so etwas »wie ein Feuer für ein fröstelndes Wiener Würstchen«. Als sie nach Hollywood kam, hatte sie sich einen gekonnt lasziven Hüftschwung zugelegt, der ihre mit heiserer Stimme vorgetragenen Texte effektvoll unterstrich.

Mae West betonte immer, dass ihre Kunst ganz auf Rhythmus, Timing und Tonfall gründe. Dies sollte ihr Anfang der 1930er Jahre zugute kommen, als die Zensoren alle offenen sexuellen Anspielungen aus ihren Texten tilgten und sie ihr Publikum ausschließlich durch ihre Suggestivkraft mitreißen musste. Sie legte bedeutungsvolle Pausen ein und spielte die Doppeldeutigkeit des Textes voll aus. Anthony Quinn schildert in seiner Autobiografie *Der Kampf mit dem Engel*, wie er 1940 zum Vorsprechen bei ihr antrat und sie ihn fragte: »Was treibst du denn?« Wie alles, was ihr über die Lippen kam, hatte auch diese einfache Frage mindestens »fünf Bedeutungen«. Mae West hatte die Fähigkeit, in jedem noch so einfachen Satz einen verführerischen Unterton mitschwingen zu lassen. Der Zeitschrift *Variety* zufolge konnte sie »kein Wiegenlied singen, ohne dass es sexy wurde«, und gegen

Mae West war eine schillernde Persönlichkeit – und sie liebte den Glamour. Ihre Kostüme glitzerten vom vielen Strass, und sie selbst brillierte mit Witz und Schlagfertigkeit.

Ende ihrer Karriere brauchte sie nur mit rauer Stimme Tee und Toast anzubieten, um ihrem Ruf gerecht zu werden.

Als Mae West 1932 nach Hollywood kam, ließ sie sich die Haare platinblond färben, wie es sich für eine Hollywood-Schauspielerin gehörte, und ging an die Arbeit. Ein Kritiker beschrieb einen ihrer typischen Auftritte so: »Zunächst hörte man einen gewaltigen Knall. Man hätte meinen können, eine Windbeutelfabrik sei explodiert (. . .), und dann schlitterte die blonde, dralle, derbe Mae in einem Kleid über die Bühne, das ihren Körper wie eine paillettenbesetzte Wurstpelle umhüllte.«

Für ihre gertenschlanken Kolleginnen in Hollywood hatte Mae West nur ein mitleidiges Lächeln übrig, und mehr als auf ihr – laut Anthony Quinn »Schwindel erregendes« – Dekolletee war sie auf ihre üppigen Hüften stolz. Einmal hungerte sie sich auf knapp 95 Pfund herunter, fühlte sich aber nicht wohl damit und erlangte in kurzer Zeit ihre verloren gegangenen Kurven wieder. Da sie nur ein Meter fünfzig groß war, trug sie Stöckelschuhe, die ihre Beine optisch verlängerten, und »goss« ihre Pfunde in freizügige paillettenübersäte, hautenge, schlauchförmige Hüllen. Ein Kritiker beschrieb sie einmal als »ausgestopfte Sanduhr«. Als die Zeitschrift *Variety* 1919 ihre Art, sich zu kleiden, als »höchst geschmackvoll« bezeichnete, schloss sich diesem Urteil kein anderes Medium an.

Mae West proklamierte eine lustvolle Promiskuität. »Ich bin eine Frau, die ihren Ruf verloren und nie vermisst hat«, bekannte sie. Sie fand es natürlich, wenn eine Frau in sexueller Hinsicht die Initiative ergriff, denn »ein Mann kann seine Fähigkeiten nur entfalten, wenn er sich (. . .) von der richtigen Frau inspirieren lässt«. Über ihr eigenes Verhalten schrieb sie: »Wenn ich einen Mann anziehend finde, werde ich zur Amazone und schlage drauf-

los.« Sie bedauerte sehr, sich von einer männlich dominierten Filmindustrie, die ihre liberalen Auffassungen nicht teilen wollte, einschränken lassen zu müssen. »In den Filmen wollen sie mich nicht bei einem Mann auf dem Schoß sitzen lassen. Dabei habe ich schon auf mehr Schößen gesessen als jede Serviette!«

Sie arbeitete überwiegend als Darstellerin oder Regisseurin eigener Produktionen, denn ihrer Ansicht nach konnte nur sie selbst wissen, wie sie sich vor Publikum am besten in Szene setzte. Dadurch – und auch durch ihr Bestreben, allein im Rampenlicht zu stehen – war die Zusammenarbeit mit ihr manchmal sehr schwierig. Der Regisseur Lowell Sherman entschuldigte sich einmal bei dem Autor John Bright für die zahlreichen Änderungen an dessen Drehbuch: »Tut mir Leid, Baby, aber ich muss am Set ja irgendwie mit dieser Giftnatter fertig werden.«

Auch ihren jeweiligen Spielpartner unterwarf Mae West ihren eigenen Regeln. Vor allem achtete sie darauf, dass er durch seine Erscheinung und Bühnenpräsenz eine perfekte Kulisse für ihre eigene Person abgab. Und sie erwartete ein bestimmtes Maß an privatem Engagement: »Nicht die Männer im Leben, das Leben in den Männern zählt«, sagte sie als Tira. Mae West zeichnete sich angeblich durch einen unersättlichen Appetit auf Sex aus und betrachtete häufigen Geschlechtsverkehr als Grundvoraussetzung für Gesundheit. Als auf der Titelseite von *Vanity Fair* ein Bild von ihr erschien, auf dem sie als »Statue of Liberty« (Freiheitsstatue) posierte, meinte der Kritiker George Jean Nathan, sie sähe eher aus wie eine »Statue of Libido«. Mae West aber konnte der Spott von Männern nichts anhaben. Sie war stolz darauf, dass Mitglieder der britischen Royal Air Force ihre Schwimmwesten »Mae Wests« nannten, und deutete dies als einen »praktischen Tribut an meinen Sexappeal«.

Die überaus pragmatisch veranlagte West war sich stets darüber im Klaren, dass Kunst und Wirklichkeit nicht dasselbe sind. So sagte sie z. B. zu ihrem Stück *Catherine Was Great,* in dem sie die Titelrolle spielte: »Katharina war eine große Kaiserin. Sie hatte dreihundert Liebhaber. Ich musste in kürzester Zeit mein Bestes geben.« Unter einem Mangel an Männern soll sie bis ins hohe Alter hinein nie gelitten haben. Als sie in den 1960er Jahren mit über siebzig auf einer Party für männliche Entertainer erschien, erklärte sie: »Das ist ein Publikum, wie ich es mir wünsche. Wohin man blickt, nur Männer.«

Sowohl auf der Bühne als auch privat umgab sie sich mit Muskelmännern, die sie vergötterten. Anders als viele ihrer Geschlechtsgenossinnen, die sich durch den männlichen Blick oft verunsichern ließen, starrte West unverfroren aggressiv zurück. In ihrem Film *Ich bin kein Engel* sagt sie in der Rolle der Tira, die sich an einem Akrobaten vergreifen will: »Ich tu ihm nicht weh. Ich will nur mal seine Muskeln fühlen.« In den Ankündigungen zu dem Film wurde sie mit dem doppeldeutigen Spruch gepriesen, sie sei das einzige Mädchen, das mehr Männer befriedigt habe, als Chesterfield-Zigaretten es vermocht hätten – bis die Zensur dies unterband.

Mae West hatte zwei Jahre Zeit, sich als Filmschauspielerin auszutoben, dann begann die Zensur sie zu demontieren. Verbale Anzüglichkeiten und verfängliche Situationen, in denen sie sich zu einer Frau mit lockerer Moral und goldenem Herzen stilisierte, wurden gestrichen. Schließlich konnte selbst die standhafte Mae West nicht mehr die heranbrandende Welle des Anstands abwehren, die das lasterhafte, mit seinen Pfunden wuchernde *bad girl* hinwegspülte und durch den Typ der dunklen, manipulativen Schönheit ersetzte, die den Männern an regnerischen Tagen an dunklen Straßenecken auflauerte.

Dass Frauen sich so offen zu ihrer Sexualität bekannten wie Mae West, war damals eher ungewöhnlich. Ihr Protest gegen eine Gesellschaft, die Frauen jahrzehntelang in ihren Wohnzimmern versteckt hatte, bestand darin, sich auf der Bühne so kühn zu präsentieren wie ein Mann. In ihren Geschichten sind Protagonistinnen, die sich unterdrücken lassen, undenkbar; stattdessen tanzen die Männer nach ihrer Pfeife. Eine Frau à la Mae West schätzt ihre Unabhängigkeit und betrachtet die Ehe nur als »letzte Zuflucht«. Die Männer stehen Schlange vor ihrer Tür, nur um ein paar Stunden mit ihr im Bett zu verbringen. Sie strotzt vor Selbstbewusstsein: »Wenn ich sie einmal hatte, sind sie gebrandmarkt«, sagt Lady Lou in *Sie tat ihm unrecht*. Beteuert ein Mann, er werde sie nie vergessen, kontert sie: »Das tut keiner!«

Madonna schöpft aus einem reichen kulturellen Erbe. Sie bedient sich bei ihren Vorläuferinnen, um mit der Rolle der Verführerin ihr Spiel zu treiben. *MADONNA – TRUTH OR DARE*, 1991

Obwohl Mae West in die traditionelle Männerrolle schlüpft, wenn sie in die Offensive geht, beherrscht sie auch die Klaviatur der Verführerin – und reizt ihre Möglichkeiten bis an die Grenzen aus. Cary Grant sagte einmal: »Ich habe noch nie mit einer Frau gearbeitet, die so durch und durch weiblich ist wie Mae West.« In einem für sie geschriebenen Hörspiel von Arch Oboler aus dem Jahr 1937 verführt Mae West in der Rolle der Eva nicht nur Adam, sondern auch die Schlange.

Mae West war sich jedoch darüber im Klaren, dass ihr Erfolg nicht nur auf ihr eigenes Konto ging. Sie wusste genau, dass sie ihren Lustgewinn auch der nie versiegenden Quelle des männlichen Verlangens zu verdanken hatte. Sie schuf die Gelegenheiten, für den Rest sorgte die Natur. Als ihre Zofen ihr in *Ich bin kein Engel* schmeicheln: »Kein Mann kann Ihnen widerstehen!«, erwidert sie: »Ich zwinge sie nicht, das tun sie ganz von selbst.« Sie glaubte fest daran, unwiderstehlich zu sein. In *Sie tat ihm unrecht* sagt sie zu ihrem Fahrer, der ihr Boudoir mit dem Himmel vergleicht: »Deshalb muss man auch erst mal die Treppe rauf.«

Mae West hatte an all ihren Rollen enormen Spaß. Ihre Freude an Amouren und ihr unerschütterlicher Glaube an ihren eigenen Sexappeal brachten ihr den Ruf ein, »Amerikas feuchter Traum« (Lowell Sherman) zu sein. Andererseits stieß sie auf Ablehnung, Geringschätzung und Spott – insbesondere, als sie im hohen Alter von 85 Jahren ihr Publikum noch einmal als Verführerin beeindrucken wollte. Mit ihrer forschen, unverblümten Art schockierte Mae West viele Männer. Dass ein Mann Frauen begehrte, war etwas Selbstverständliches. Wenn eine Frau den Spieß umdrehte, wurde das nicht akzeptiert.

Viele Männer ärgerten sich zunehmend darüber, dass Mae West ihrem

Beispiel nacheiferte, und als in den 1940er Jahren die Femme fatale Gestalt annahm, höhnten die Leute, sie sei ja gar keine echte Frau, bestenfalls »der größte Frauenimitator aller Zeiten« und schlimmstenfalls eine »dicke, schwabbelige, aufgeblähte Superblondine, die durch die Nase spricht und sich so schwerfällig bewegt, als ob sie wunde Füße hätte (. . .). [Sie ist eine] Gefahr für die Kunst und die Moral.« Die Frau, die sich ihr ureigenes Image nach ihren persönlichen Vorlieben erschaffen hatte, wurde von den Männern, die den weiblichen Sexappeal ihren Vorstellungen entsprechend definieren wollten, von der Bühne geboxt.

Madonna

Mitte der 1980er Jahre betrat im Fahrwasser der Frauenbewegung ein völlig neuer Typ der lasziven Draufgängerin die Bühne: Madonna Louise Ciccone, Sprössling einer streng katholischen amerikanischen Einwandererfamilie, gab sich die Ehre. Im Unterschied zu Mae West, die ihrem Image ein Leben lang treu blieb, präsentiert sich Madonna auf der Bühne in ständig wechselnden Rollen. Mae West war Mae West war Mae West – Madonna beweist, dass Frauen in der Lage sind, ihre Persönlichkeit je nach Anlass und Stimmungslage beliebig zu formen und zu verändern.

Mit ihren wechselnden Erscheinungsbildern bedient sie traditionelle Männerfantasien (z. B. vom Schulmädchen oder von der Domina), doch das

Aus Alt mach Neu: Madonna greift in den Fundus vorhandener Frauenbilder und bindet sie in neue Zusammenhänge ein, die ihre eigene Persönlichkeit reflektieren.
BLONDE AMBITION JAPAN TOUR, 1990

ist ihr vollkommen gleichgültig. Wie sie sich präsentiert, ist ganz allein ihre Sache. Unter dem Einfluss einer noch nie da gewesenen sexuellen Freizügigkeit, die in den 1970er Jahren in der New Yorker Subkultur ausgelebt wurde, entwickelte sie Anfang der 1980er Jahre ihr eigenes Image – das sich im Handumdrehen ändern konnte, wenn sie ein anderes Kostüm anzog.

Die frühe Madonna schöpfte aus der traditionellen Vielfalt der Stile, deren Elemente sie neu zusammensetzte. Sie verwischte die herkömmlichen Grenzen zwischen den Geschlechtern und Rassen und spielte mit dem Gegensatzpaar Jungfrau und Hure. Sie war *material girl*, *boy toy*, Gangsterbraut und onanierende Jungfrau in einem. Mal trug sie die Haare als wilde Mähne, dann wieder streng aus dem Gesicht gebunden. Sie erschien in Strapsen und in Dessous, als Hure, als Diva und als Mann. »Ich repräsentiere keinen Lebensstil, ich beschreibe ihn«, sagt sie dazu. Sie hat alles, was ihre öffentliche Person betrifft, fest im Griff: ihr Image, ihre Tourneen, ihre Choreografien. Und wie Mae West benutzt sie ihre männlichen Partner ausschließlich als Dekorationsobjekte oder Staffage, um ihre eigene Person umso besser in Szene zu setzen.

Für Madonna ist die Welt ein erotischer Supermarkt. Sie durchstöbert die Geschichte nach Verführerinnen und bedient sich deren Stilmittel nach eigener Fasson. Ihr Charisma beruht auf Macht, Kontrolle und stählernen Muskeln. Andere Frauen fühlen sich durch ihr Beispiel ermutigt, ihre eigenen sexuellen Wünsche auszuleben. Sie zeigt ihnen, dass es eine weibliche Sexualität gibt, die dem modernen, unabhängigen Frauenbild entspricht.

Das Image einer Jean Harlow oder einer Marilyn Monroe entsprach dezidiert männlichen Vorstellungen. Vor dem Hintergrund der feministischen Errungenschaften des 20. Jahrhunderts wurde Madonna zu einem Symbol

Britney Spears

Ende des 20. Jahrhunderts wurde Britney Spears für viele junge Mädchen im Teenageralter zur Ikone. Bei ihren freizügigen Auftritten präsentiert sie einen Körper, der an der Schwelle zum neuen Jahrtausend zum Weiblichkeitsideal avancierte: feste, runde Brüste, ein wohlgeformter Po und ein gepiercter Waschbrettbauch. Ihre Brüste brauchen keine Stütze, und ihren flachen Bauch verdankt sie weder Korsett noch Mieder,

sondern einem ausgewogenen Ernährungs- und Fitnessprogramm. Obwohl der Anblick weiblicher Nacktheit heutzutage nichts Besonderes mehr ist, erregte Britney Spears wegen eines knapp sitzenden schmalen Lederbandes, das sie um die Hüften geschlungen hatte, Aufsehen in der Öffentlichkeit. Sie ist das Partygirl ohne einen Anflug von Mütterlichkeit. In ihre Brüste kann man sich nicht vergraben. Sie hat keine Fettpölsterchen, die Fruchtbarkeit zu garantieren scheinen. Sie ist die knackige Girlie-Power in Person, Jugend pur. Doch obwohl sie den Typus der selbstbewussten, durch und durch modernen jungen Frau verkörpert, machen die für ihr Image zuständigen Promoter Anleihen bei den Verführerinnen früherer Epochen: Als sie zur Verleihung des MTV Video Music Award 2001 mit einer Pythonschlange und einem Tiger auftrat, assoziierte man damit sofort Bilder von raubtierhafter, geschmeidiger Urweiblichkeit. Doch welche sexuellen Fantasien sollte sie damit eigentlich ansprechen? Die der jungen, emanzipierten Frauen oder die einer männlichen Jugend auf der Suche nach dem ultimativen Kick? Oder beide?

dessen, was die Frauen ihrer Generation zu lernen hatten: Sie sind in ihrer Geschlechtsrolle nicht festgelegt. Sie brauchen sich keinem Standardmodell anzupassen. Sie können wählen, was ihnen am besten gefällt, sich abwechselnd zur Heiligen oder zur Hure stilisieren oder beides zugleich sein. Sie suchen sich ihre sexuellen Symbole selbst aus. Sie sind so frei, Anspruch auf eigene Verführungsfantasien zu erheben.

Nabelkunst und Heim-Striptease

Zu Beginn des 21. Jahrhunderts ist das Verhältnis der Geschlechter relativ stabil, was aber nicht heißen soll, dass ein Gleichgewicht der Kräfte erreicht sei oder die Männer in Zukunft keine Ängste mehr entwickeln werden. Dennoch haben Frauen zurzeit viel Raum zum Experimentieren und Atemschöpfen. Dies machen sich vor allem ältere Frauen zunutze. Die Sexualität der Frau ist heute in den Medien ein viel diskutiertes Thema. Auf der Titelseite von *More* vom September 2002 zeigte die Schauspielerin Jamie Lee Curtis in Sport-BH und Spandex-Shorts, wie ein nicht mehr ganz junger weiblicher Körper aussieht, bevor Beleuchter, Stylisten und Airbrusher sich ans Werk machen. Im Januar 2000 versprach das *Ladies' Home Journal* seinen Leserinnen »101 Scharfmacher für Ehepartner«.

Den Männern kommt diese öffentliche Diskussion über weibliche Sexualität insofern zugute, als mit ihr ein neuer Typ Verführerin geboren wurde, mit dem sie nicht mehr die fiktive Außenseiterin der Gesellschaft oder eine mythologische Traumgestalt assoziieren, sondern eine Partnerin, mit der sie eine dauerhafte, alltagstaugliche Verbindung eingehen können.

Um herauszufinden, wie sich der eigene Körper anfühlt, wenn er nicht der Hingabe an andere dient, stürmen Mütter und Töchter seit einiger Zeit

Tanzzentren und Begegnungsstätten, um in orientalischem Ambiente Bauchtanz zu lernen. In Hollywood macht die Schauspielerin Sheila Kelley mit ihrem Striptease-Kursprogramm für Anfängerinnen Furore. Der Unterricht findet mehr oder weniger bei ihr zu Hause statt, sodass ihr Mann das Geschrei und Gepfeife der 30- bis 40-jährigen Kursteilnehmerinnen hören kann, während er dem Baby die Windeln wechselt. Kelleys Interesse am Strippen entwickelte sich während der Arbeit an ihrer Rolle für den Film *Dancing at the Blue Iguana* (2000). Als sie die ersten Erfolge im eigenen Schlafzimmer verbuchen konnte, kam sie auf die Idee, Kurse anzubieten, hatte der Striptease ihr selbst doch ungeahntes Vergnügen bereitet.

Die Ballett-Tänzerin Toni Bentley beschreibt in ihrem Buch *Sisters of Salome* die verschiedenen Interpretationen, die Anfang des 20. Jahrhunderts von Salomes Schleiertanz auf der Bühne zu sehen waren. Im Zuge ihrer Recherchen wollte sie auch am eigenen Leib erfahren, wie es sich anfühlt, wenn eine Frau vor zahlenden Zuschauern die Hüllen fallen lässt. In einem New Yorker Nachtclub ergab sich die Gelegenheit.

Sie wählte für ihren Auftritt ein eng anliegendes Kostüm aus edlem schwarzem Samt und Schuhe mit sehr hohen Absätzen. Zu dem Lied *Waiting for the Miracle* von Leonard Cohen schälte Toni Bentley sich aus ihrem Kostüm. Als sie sich bis auf die Stöckelschuhe entblättert hatte, hielt sie kurz inne und trat dann aus dem schwarzen Ring ihrer Kleider zu ihren Füßen heraus. Sie richtete sich auf, bog den Rücken durch und streckte die Arme hoch. Die durch die ungeteilte Aufmerksamkeit des Publikums erzeugte Energie war alles, was sie von den Zuschauern trennte. In diesem Augenblick triumphierte sie. Solange sie die Blicke der Männer fesseln konnte, gehörte jeder dieser Männer ihr, nur ihr allein. Durch eine Show, die sie selbst als »schön und geil« beschrieb, hatte sie einen Moment grenzenloser Freiheit erfahren.

Das Spiel der Verführung ist auch ein Spiel um die Macht. In dem Comic *9 Chickweed Lane* (Ausgabe vom 12. September 2002) sagt eine bieder gekleidete Frau zu ihrer Tochter Edda, einem Teenager: »Das ist nur die Fassade – darunter habe ich meinen Body mit dem Diamantklapperschlangen-Muster an.« Als Edda am Sofa vorbeigeht, auf dem der Freund der Mutter sitzt, bemerkt sie beiläufig: »Da kannst du nur von träumen, Mr Boxershorts!«

Heutzutage können Frauen ihre sexuelle Persönlichkeit nach Belieben selbst formen und verändern, statt sie an männlichen Vorstellungen auszurichten. Sie können alles ausprobieren, ohne deshalb als »Schlampe« dazustehen. Während ältere Frauen die Barriere zwischen »schicklich« und »unschicklich« einreißen, dringen die Verführerinnen heute in amerikanische Schlafzimmer ein.

In der Schule zeigen sich die jungen Mädchen bauchfrei: Unter den T-Shirts kommt ein immer breiter werdender Streifen Haut zum Vorschein, und der Nabel wird mit Ringen, Steckern, dünnen Ketten und Herzen geschmückt. Was sagen die Männer dazu? Ein älterer Kolumnist, der sich seit langem an die Fleischbeschau in den Medien gewöhnt hat, hat zugegeben, dass ihn diese unaufhaltsame Entblößung von Mädchentaillen ziemlich verstört.

Haben diese jungen Frauen kein Schamgefühl mehr? Oder hat unsere Kultur ihnen die Sinne so vernebelt, dass sie glauben, keine andere Wahl zu haben, als sich so hemmungslos öffentlich als Lustobjekt darzustellen? Wollen sie die Männer provozieren? Degradiert die herrschende Kultur sie zu willenlosen Werkzeugen? Oder übernehmen sie die Kontrolle über ihren Körper und zeigen stolz ihre weiblichen Reize? Treten sie in die Fußstapfen der Home-Stripperinnen, oder unterliegen sie bereits der nächsten Gehirnwäsche, die ihnen ein Frauenbild nach männlichen Erwartungen einimpft?

DIE ZUKUNFT DER VERFÜHRERIN hängt vom Kräfteverhältnis zwischen den Geschlechtern ab. Wenn Frauen offensiv für ihre Rechte eintreten, werden unsichere Männer weibliche Verführungsfantasien zurückweisen, in die Defensive gehen und sich in ihren Träumen wieder mit der düsteren Verführerin von ehedem befassen. Erlangen die Männer die Oberhand, werden sie zum wiederholten Mal ihre eigenen Frauenbilder erschaffen. Billigen sie Frauen jedoch die gleichen Rechte zu, können diese ihre eigenen Visionen in die Partnerschaft einbringen. Die Verführerin der Zukunft ist offen und unwiderstehlich zugleich. Sie vereinigt in sich weibliches und männliches Begehren. Sie ist ein Wesen von dieser Welt – faszinierend und doch erreichbar.

Anmerkungen

Die Ziffern am linken Rand beziehen sich auf die Seitenzahlen im Buch.

15 *Das Alphabet des Ben Sira: The Alphabet of Ben Sira*, übers. in: Stern / Mirsky: *Rabbinic Fantasies*

18 Henri d'Andeli: »The Lai of Aristotle«, übers. von Stephen G. Nichols, in: Flores: *Medieval Age*, S. 320–330

19/20 »Und du wolltest (. . .) zu nahen vermochte«: Tertullian: »Über den weiblichen Putz«, in: Kellner: *Tertullians sämtliche Schriften*, Bd. 1, S. 185

20 »Der Fürst der Finsternis (. . .)«: *Acta Archelai*, Kap. 10, zitiert in: Evans: *Paradise Lost*, S. 66–72

21/22 Bei den frühen Christen wurde den Männern deshalb geraten: Abbott: *Celibacy*, S. 45

28 Alles begann mit einer Fehde: Zu Pandora s. Hesiod: *Sämtliche Werke*, »Werke und Tage«, V. 1–105

30 Dem Freudanhänger Sándor Ferenczi zufolge: Ferenczi: *Versuch einer Genitaltheorie*

30 Diese Heldentat vollbrachte er: s. Homer: *Odyssee*, Bücher X and XII

35 Medusas Schönheit: s. Ovidius Naso: *Metamorphosen*, Buch 4

46 »Herrin im Lasterpfuhle«: Propertius: *Properz*, 3. Buch, II. Elegie, V. 39

46 Lukan: *Der Bürgerkrieg*, 9. Buch

47 Plinius: *Naturkunde*, Buch IX, Kap. 57, S. 120–121

48 Octavian verbreitete jedoch in Rom das Gerücht: »The Story According to Octavius«, in: Hughes-Hallett: *Cleopatra*, S. 36–69

49 dass »er seines Verstandes nicht mächtig war«: Plutarch: *Große Griechen und Römer*, Bd. 5, S. 338

51 »Nunmehr bewies Antonius«: a. a. O., S. 367

52 die üppige Bewirtung der beiden Liebenden: »Antonius«, in: Plutarch: *Lebensbeschreibungen*, S. 128–129

52 Folgt man dieser Logik: In dem Essay »Cleopatra Regina« in *De Viris Illustribus* schreibt Sextus Aurelius Victor, dass viele Männer ihr Leben opferten, um eine Nacht mit der schönen Kleopatra zu verbringen. Alexander Puschkin griff die Geschichte 1825 auf. Zitiert in: Hughes-Hallett: *Cleopatra*, S. 233

58 Wu Zhao: in: Leon: *Kleopatra*

61 »Die Aussicht«: zitiert in: Sinoué: *Emma*, S. 67

63 »Man schaut, was so viele«: Goethe: *Italienische Reise*, S. 209

65 als nahezu unbekleidete Haremsdame: in: Lofts: *Emma Hamilton*, S. 83

66 »Du / Schienst jene Welle«: in: Tennyson: *Königsidyllen*, S. 77, V. 159–162

66 »Bei ihrem Druck (. . .)«: ebd.

68 »eine kleine Tigerin«: zitiert in: *Sunderland Herald*, 13. August 1849, S. 5, Sp. 1–2

70 »ein körperliches Herausfordern«: *Münchener Conversationsblatt*, 5. Oktober 1843, S. 319, Sp. 1–2

71 »Ich kann mich mit dem Vesuv (. . .)«: Ludwig an Heinrich Baron von der Tann, 17. November 1846, zitiert in: Seymour: *Lola Montez*, S. 137

72 »das Genie der Anmut und der Liebe«: zitiert in: Seymour: *Lola Montez*, S. 92

72 »personifizierte Vollendung«: Ludwig Simon: »L'extraordinaire aventure de Lola Montez«, *Archives internationales de la danse*, Bibliothèque Nationale de France, Paris, Oktober 1935, S. 135

72 »Schön war sie trotz ihrer Wut«: »Aus den Tagen von Lola Montez«, in: *Neue Deutsche Rundschau* 1901, S. 927

72 »Die Du zu meinem Unglück bist geboren«: Ludwig I.: *An Lola*, in: *Gedichte*, S. 139

73 »Bisher konnten wir nicht begreifen«: *Der deutsche Republikaner* [Cincinnati], 2. März 1853, S. 2, Sp. 3, zitiert in: Seymour: *Lola Montez*

73 »wundervoll melodiöse« Stimme: *Montreal Daily Argus*, 29. August 1856, S. 2, Sp. 1–2

75 »Falls es möglich ist«: H. Ashton Wolfe, zitiert in: Newman: *Mata Hari*, S. 10

81 »(. . .) weil die Frauen sich beleidigt (. . .) fühlen«: *The Seneca Falls Declaration of Sentiments*, übers. in: Zetkin: *Geschichte der proletarischen Frauenbewegung*, s. a. <www.dadalos.org/deutsch/Menschenrechte/Grundkurs_MR3/frauenrechte/woher/dokumente/dokument_3.htm>

84 »die ewige Sehnsucht«: *Courier Français*, zitiert in: Keay: *The Spy Who Never Was*, S. 47–48

85 »Ich hatte von einer Frau«: »The Parisians of Paris«, *The King*, 4. Februar 1905

87 Sie »wäre für ihn durchs Feuer gegangen«: zitiert in: Wheelwright: *Fatal Lover*, S. 51

88 Sir Basil Thomson (. . .) erinnerte sich später: Thomson: *Queer People*

88 »Ich habe nur getan«: Verhör durch Bouchardon, 28. Februar 1917. Dossier Mata Hari, Service Historique de l'Armée de Terre, Château de Vincennes, Paris

90 »Die Zelle-Dame«: zitiert in: Wheelwright: *Fatal Lover*, S. 90

90 »finstere Salome«: Maurice de Waleffe: »*Après le chatiment de l'espionne*«, *Le Journal*, 27. Juli 1917

90/91 Nervenkitzel: Steinhauer: *Der Meisterspion des Kaisers*

91 haushoch überlegen: *La Belgique*, Oktober 1915, zitiert in: Thuliez: *Condemned to Death*, S. 163

91 »Wie fest hätte ich meine Lippen«: Freya in: Ibanez: *Mare Nostrum*

91 »einen Haufen zerknautschter Unterröcke«: Emile Massard, zitiert in: »La véridique histoire de Mata Hari – l'Expiation«, *La Liberté*, 13. Dezember 1921

94 *Die Verwandlungen des Vampirs*, in: Baudelaire: *Die Blumen des Bösen*

94 »Es war mal ein Narr«: *The Vampire*, in: Kipling: *Complete Verse*, © für die dt. Fassung: Christa Schuenke

106 »Es läutete an der Tür«: Barbara Brown, zitiert in: Stenn: *Bombshell*, S. 17

106 »Harlean Carpenter (. . .) hinterher«: Jada Leland, zitiert in: Stenn: *Bombshell*, S. 22

107 »Selbst in ihrer Schuluniform«: Selznick: *Private View*

107 »Sie [die anderen Schülerinnen] gehen nur«: Scott: *Hollywood When Silents Were Golden*

107 »Man hatte uns nicht gesagt«: zitiert in: Skretvedt: *Laurel and Hardy*
108 »Nacktheit war damals noch etwas Besonderes«: Loos: *Kiss Hollywood Good-bye*
108 »Das ist ein Gruß an die Jungs«: Bill Edmondson, zitiert in: Stenn: *Bombshell*, S. 98
109 »Sie kam ein paar Treppenstufen herunter«: William Bakewell, zitiert in: Stenn: *Bombshell*, S. 55
109 »Was machst du damit, dass sie immer so hart sind?«: zitiert in: Kobal: *People Will Talk*
109 »Aber meine Liebe«: Harlow: *Today Is Tonight*
111 »dass ihr Körper«: Zukor: *The Public Is Never Wrong*
111 »Flamme, die über die Leinwand tanzt«: Arzner in: *Hollywood: The Pioneers*, Auftragsprod. von Kevin Brownlow und David Gill für Thames Television, London o. J.
111 Nymphomanin: *Variety*, 14. Juli 1926
111 »Liebesnest«, »o Mann«: Tui Lorraine Bow: *The Mourning After: Memoirs of a Star-Crossed Spirit*, unveröffentlichtes Manuskript, zitiert in: Stenn: *Clara Bow*, S. 100
111 »Also, ich will Ihnen mal was sagen«: »Savage Just Episode in My Young Life, Declares Clara Bow«, *Los Angeles Examiner*, 6. Juni 1926
111 »[Harlow] trug (. . .)«: Artie Jacobson, zitiert in: Stenn: *Clara Bow*, S. 179
112 »Ich habe nie Drogen genommen«: John Engstead, zitiert in: Kobal: *People Will Talk*
112 »mit einem Grizzly flirten«: *New York Times*, 12. Juli 1926
112 »Sie schleppt ihre Brüste mit sich herum«: *Night and Day*, 26. August 1937
112 die Monroe komme im Film: in: Zolotow: *Marilyn Monroe*, New York 1960 (nicht in der dt. Ausgabe)
115 »eine innere Grazie«: zitiert in: Ringgold: *Hayworth*, S. 12
117 *Lamia*: Keats: *Werke und Briefe*, S. 270
117 »des Schreckens Schöne (. . .), gewitterhaft«: Shelley: *Die Medusa Leonardo da Vincis in der florentinischen Galerie*, übers. v. Julius Seibt, in: Schmitz (Hg.): *Lyrik*, S. 156 f.
128 »95-DD-Busen«: Yalom: *Brust*, S. 287
128 »Ich glaube, Ben steht nicht auf Rosa«: zitiert in: Buskin: *Blonde Heat*, S. 16
132 wie »ein Hurrikan«: Gary Johnson: »The Rise and Fall of the Feature-Length Western«, *Images* (Online-Journal), <http://www.imagesjournal.com/issue06/infocus/western4.htm>
158 »ihr Körper wie ein Bergkristall«: Bühnenkritik zu *Sex*, Aufführungsort Ohio, zitiert in: Leider: *Becoming Mae West*, S. 217 (nicht in der dt. Ausgabe)
158 »Feste, Mädels«: zitiert in: Head: *The Dress Doctor*, S. 53
158 »während der Vorstellung«: Sergeant Patrick Keneally, zitiert in: West: *Goodness*, S. 95
159 »Miss Wests Persönlichkeit«: zitiert in: West: *Goodness*, S. 97–98
159 »wie ein Feuer«: »Flaming Mae«, *New York Evening Telegram*, 18. April 1928
159 »Was treibst du denn?«, »fünf Bedeutungen«: Quinn: *Kampf mit dem Engel*, S. 250, 259
159 »kein Wiegenlied singen«: Bige, in: *Variety*, 14. Februar 1933

160 Tee und Toast: Glenys Roberts, zitiert in: Leonard: *Mae West*, S. 339

160 »Zunächst hörte man einen gewaltigen Knall«: Leonard Hall: *Photoplay*, zitiert in: Leonard: *Mae West*, S. 112

160 »ausgestopfte Sanduhr«: zitiert in: Leonard: *Mae West*, S. 68

160 »höchst geschmackvoll«: zitiert in: Leonard: *Mae West*, S. 63

160 »Ich bin eine Frau«: zitiert in: Leonard: *Mae West*, S. 135

160 »Wenn ich einen Mann anziehend finde«: Mae West: *sex, More Sex, and the Cooler*. Nachdruck unter dem Titel *The Bad Girl of Broadway* in: Alexander: *Heroic and Outrageous Women*, S. 323–346

160/161 »In den Filmen«: zitiert in: Chandler: *Ultimate Seduction*, S. 68 (nicht in der dt. Ausgabe)

161 »Tut mir Leid, Baby«: John Bright: »One of a Kind«, *L. A. Weekly*, 16.–22. Juli 1982, S. 18

162 »Statue of Libido«: zitiert in: Leonard: *Mae West*, S. 147

162 »praktischen Tribut an meinen Sexappeal«: zitiert in: Leonard: *Mae West*, S. 230

162 »Katharina war eine große Kaiserin«: zitiert in: Leonard: *Mae West*, S. 247

162 »Das ist ein Publikum«: zitiert in: Leonard: *Mae West*, S. 329

163 das einzige Mädchen: Akte des Hays Office zu *Ich bin kein Engel*, Margaret Herrick Library, Academy of Motion Picture Arts and Sciences, Beverly Hills

163 »letzte Zuflucht«: ebd.

163 »Ich habe noch nie«: *Picturegoer*, 30. Dezember 1933

164 »Amerikas feuchter Traum«: John Bright: »One of a Kind«, *L. A. Weekly*, 16.–22. Juli 1982, S. 18

165 »der größte Frauenimitator«: »The Decline of the West«, *Vanity Fair*, Mai 1934

165 »dicke, schwabbelige, aufgeblähte Superblondine«: Percy Hammond: »Is There No Flit?«, *New York Herald Tribune*, 4. Oktober 1931

166 »Ich repräsentiere keinen Lebensstil«: zitiert in: Jock McGregor: »Madonna: Icon of Postmodernity« 1997, s. <http://www.facingthechallenge.org/madonna.htm>

171 »schön und geil«: Bentley: *Sisters*, S. 12

171 Ein älterer Kolumnist: Russell Smith: »Die Brüste, in Ordnung. Die Bäuche, warum nicht. Aber die Geschlechtsteile?«, *Globe and Mail*, Toronto, 21. September 2002, Teil 6

Bibliografie

Abbott, Elizabeth: *A History of Celibacy*. Toronto: HarperCollins 1999
Ackerman, Diane: *A Natural History of Love*. New York: Random House 1994
Alexander, Gemma (Hg.): *The Mammoth Book of Heroic and Outrageous Women*. London: Robinson 1999
Aristophanes: *Lysistrata*, kommentiert von Barbara Sichtermann. Mit einer Materialsammlung von Heinke Lehmann. Berlin: Wagenbach 1985
Aurelius Victor, Sextus: *De Viris Illustribus*. London 1759
Bade, Patrick: *Femme Fatale: Images of Evil and Fascinating Women*. New York: Mayflower Books 1979
Baudelaire, Charles: *Die Blumen des Bösen / Les Fleurs du Mal*, übers. von Friedhelm Kemp. München: dtv Klassik 1986
Bentley, Toni: *Sisters of Salome*. New Haven, Conn.: Yale University Press 2002
Browne, Porter Emerson: *A Fool There Was*. New York: The H. K. Fly Company 1909
Buskin, Richard: *Blonde Heat: The Sizzling Screen Career of Marilyn Monroe*. New York: Watson-Guptill 2001
Cameron, Julia Margaret: *Illustrations to Tennyson's »The Idylls of the King« and Other Poems*. London: Henry S. King and Company 1875
Chandler, Charlotte: *Das Geheimnis des Glücks*, übers. von Sylvia Madsack u. Klaus Budzinski. München: Nymphenburger 1989
dies.: *The Ultimate Seduction*. Garden City, N. Y.: Doubleday 1984
Corti, Egon Cäsar Conte: *Ludwig I. von Bayern*. München: Bruckmann 1937
Dijkstra, Bram: *Das Böse ist eine Frau: männliche Gewaltphantasien und die Angst vor der weiblichen Sexualität*, übers. von Susanne Klockmann. Reinbek bei Hamburg: Rowohlt 1999
ders.: *Idols of Perversity: Fantasies of Feminine Evil in Fin-de-Siecle Culture*. Oxford: Oxford University Press 1986
Eisler, Riane: *Kelch und Schwert: Von der Herrschaft zur Partnerschaft. Weibliches und männliches Prinzip in der Geschichte*. München: Goldmann 1993
dies.: *Sacred Pleasure: Sex, Myth, and the Politics of the Body*. New York: HarperCollins 1995
Evans, J. M.: *Paradise Lost and the Genesis Tradition*. Oxford: Oxford University Press 1913
Ferenczi, Sándor: *Versuch einer Genitaltheorie*. Leipzig u. a.: Internationaler Psychoanalytischer Verlag 1924
Flores, Angel (Hg.): *The Medieval Age. Laurel Masterpieces of World Literature*. New York: Dell 1963
Goethe, Johann Wolfgang von: *Italienische Reise*. Digitale Bibliothek, Bd. 1: Deutsche Literatur, (Goethe-HA, Bd. 11). Berlin: Directmedia 2000
Golden, Eve: *Vamp: The Rise and Fall of Theda Bara*. Vestal, N. Y.: Emprise 1996
Grant, Michael: *Kleopatra: Biographie*, übers. von Hans Jürgen Baron von Koskull, Bergisch Gladbach: Lübbe 1998
Hardwick, Mollie: *Emma, Lady Hamilton: A Study*. London: Cassell 1969
Harlow, Jean: *Today Is Tonight*. New York: Dell 1965
Harvey, James: *Movie Love in the Fifties*. New York: Knopf 2001
Head, Edith: *The Dress Doctor*. Boston: Little, Brown 1959
Hesiod: *Sämtliche Werke*, übers. von Thassilo von Scheffer, hg. von Ernst Günther Schmidt. Bremen: Schünemann 1984
Hickman, Tom: *The Sexual Century*. London: Carlton 1999
Homer: *Odyssee*. Griech. u. dt., mit Urtext, Anh. u. Reg., übers. von Anton Weiher. München: Artemis 1982

Hughes-Hallett, Lucy: *Cleopatra: Histories, Dreams and Distortions*. London: Bloomsbury 1990
Ibanez, Vicente Blasco: *Mare Nostrum*. London: Constable 1920
Jordan, Ted: *Norma Jean: My Secret Life with Marilyn Monroe*. New York: William Morrow 1989
Keats, John: *Werke und Briefe: Lyrik (Engl./Dt.), Verserzählungen, Dramen, Briefe*, ausgew. u. übers. von Mirko Bonné unter Verw. d. Briefübersetzungen von Christa Schuenke. Stuttgart: Reclam 1995
Keay, Julia: *The Spy Who Never Was: The Life and Loves of Mata Hari*. London: Michael Joseph 1987
Kellner, Karl Adam Heinrich: *Tertullians sämtliche Schriften*, Bd. 1: *Die apologetischen und praktischen Schriften*. Köln: Verlag der Dumont-Schauberg'schen Buchhandlung 1882
Kipling, Rudyard: »The Vampire«, in: *The Complete Verse*, London: Kyle Cathie 1990 (übers. von Christa Schuenke)
Kobal, John: *People Will Talk*. New York: Knopf 1985
Leaming, Barbara: *If This Was Happiness: A Biography of Rita Hayworth*. New York: Viking 1989
Leider, Emily Wortis: *Becoming Mae West*. New York: Farrar Straus & Giroux 1997
dies.: *Mae West – »I'm no angel«: eine Biographie*, übers. von Henning Thies. München: Kindler 1997
Leon, Vicki: *Kleopatra & Co. Aufmüpfige Frauen der Antike*, übers. von Julia Brennberg. Berlin: Aufbau 1998
Leonard, Maurice: *Mae West: Empress of Sex*. Secaucus, N. J.: Carol 1992
Lewald, Fanny: *Zwölf Bilder nach dem Leben*. Berlin: Janke 1888
Lofts, Norah: *Emma Hamilton*. London: Michael Joseph 1978
Loos, Anita: *Kiss Hollywood Good-bye*. New York: Viking 1974
Ludwig I., König von Bayern: *Gedichte*, hg. u. m. ei. Nachw. versehen von Hannes S. Macher. Bayerisches Hauptstaatsarchiv, München, Abteilung III, Geheimes Hausarchiv, Pfaffenhofen 1980
Lukan: *Der Bürgerkrieg*. Lat. u. dt. von Georg Luck. *Schriften und Quellen der Alten Welt*, hg. vom Zentralinstitut für Alte Geschichte und Archäologie der Akademie der Wissenschaften der DDR, Bd. 34. Berlin: Akademie-Verlag 1985
McElvaine, Robert S.: *Eve's Seed: Biology, the Sexes, and the Course of History*. New York: McGraw-Hill 2001
Montreynaud, Florence: *Love: A Century of Love and Passion*. Evergreen Series. Köln: Taschen 1998
Mordden, Ethan: *Movie Star: A Look at the Women Who Made Hollywood*. New York: St. Martin's 1983
Morris, Desmond: *The Human Sexes: A Natural History of Man and Woman*. New York: St. Martin's 1997
Nabokov, Vladimir: *Lolita*, übers. von Helen Hessel, Maria Carlsson, Kurt Kusenberg, bearb. von Dieter E. Zimmer. München: Artemis & Winkler 1995
Newman, Bernard: *Inquest on Mata Hari*. London: Robert Hale 1956
Niroumand, Mariam: *Mae West*. München: Econ & List 1998
Norris, Pamela: *Eve: A Biography*. London: Macmillan 1998
Olmer, Georges: *Salon de 1886*. Paris: L. Baschet 1886
Ovidius Naso, Publius: *Metamorphosen*, übers. von Hermann Breitenbach. München: dtv 1982
Pagels, Elaine: *Adam, Eva und die Schlange: die Geschichte der Sünde*, übers. von Kurt Neff. Reinbek bei Hamburg: Rowohlt 1994
Petersen, James R. u. a.: *The Century of Sex: Playboy's History of the Sexual Revolution, 1900–1999*. New York: Grove 1999
Phillips, John A.: *Eve: The History of an Idea*. San Francisco: Harper & Row 1984
Plinius Secundus, Gaius: *Naturkunde. Lat.-dt.*, Buch IX, hg. u. übers. von Roderich König in Zusammenarbeit mit Gerhard Winkler. München: Heimeran 1979
Plutarch: *Große Griechen und Römer*, Bd. 5, teilw. eingel. u. übers. von Konrat Ziegler u. Walter Wuhrmann. Zürich: Artemis 1960
ders.: *Lebensbeschreibungen*. Gesamtausgabe, Bd. 6. München: Goldmann 1967
Propertius: *Properz*. Lat. u. dt., übers. von Rudolf Helm. Berlin: Akademie-Verlag 1965

Quinn, Anthony: *Der Kampf mit dem Engel*, übers. von Hans Hermann. München: Scherz 1974
Rauh, Reinhold / Seymour, Bruce: *Ludwig I. und Lola Montez. Der Briefwechsel*. München: Prestel 1995
Richardson, Samuel: *Äsopische Fabeln mit moralischen Lehren und Betrachtungen*, übers. u. m. ei. Vorrede vers. von Gotthold Ephraim Lessing. Berlin: Henssel 1987
Ringgold, Gene: *The Films of Rita Hayworth: The Legend and Career of a Love Goddess*. Secaucus, N. J.: The Citadel Press 1974
Roberts, Alexander / James Donaldson (Hg.): *The Ante-Nicene Fathers: Translations of the Writings of the Fathers Down to A. D.* 32, Bd. 4. Buffalo: The Christian Literature Publishing Company 1857
Rosen, Marjorie: *Popcorn Venus: Women, Movies, and the American Dream*. London: Peter Owen 1973
Schmitz, Siegfried: *Lyrik der englischen Romantik*. München: Winkler 1967
Scott, Evelyn F.: *Hollywood. When Silents Were Golden*. New York: McGraw-Hill 1972
Selznick, Irene Mayer: *A Private View*. New York: Knopf 1983
Seymour, Bruce: *Lola Montez*, übers. von Renate Sandner. München: Piper 2000
Shakespeare, William: *Antonius und Cleopatra*, in: *Werke in zwei Bänden*, hg. von Prof. Dr. L. L. Schücking, Bd. 1, München: Knaur o. J.
Sinoué, Gilbert: *Emma. Das Leben der Lady Hamilton*, übers. von Holger Fock und Sabine Müller. München: Beck 2003
Skretvedt, Randy: *Laurel and Hardy: The Magic Behind the Movies*. Potomac, Md.: Moonstone Press 1987
Stanton, E. C. / Anthony, S. B. / Gage, M. J. (Hg.): *History of Women's Suffrage*, Bd 1. New York: National Woman Suffrage Association 1881
Steinhauer, Gustav: *Der Meisterspion des Kaisers. Was der Detektiv Wilhelms II. in seiner Praxis erlebte*. Berlin: Voegels 1930
Stenn, David: *Bombshell: The Life and Death of Jean Harlow*. New York: Doubleday 1993
ders.: *Clara Bow: Running Wild*. New York: Doubleday 1988
Stern, David / Mirsky, Mark Jay (Hg.): *Rabbinic Fantasies: Imaginative Narratives from Classical Hebrew Literature*. Yale Judaica Series. New Haven, Conn.: Yale University Press 1998
Stoker, Bram: *Dracula*, übers. von Karl Bruno Leder. Frankfurt a. M.: Insel 1988
Taylor, G. Rattray: *Sex in History*. London: Thames and Hudson 1953
Tennyson, Alfred: *Königsidyllen*. Im Metrum des Originals übertragen von Dr. Carl Weiser. Leipzig: Reclam 1885
Thomson, Basil: *Queer People*. London: Hodder and Stoughton 1922
Thuliez, Louise: *Condemned to Death*. London: Methuen 1934
Walker, Alexander: *Sex in the Movies: The Celluloid Sacrifice*. Harmondsworth, U. K.: Penguin 1968
West, Mae: *Goodness Had Nothing to Do With It*. New York: Manor Books 1976
Wheelwright, Julie: *The Fatal Lover: Mata Hari and the Myth of Women in Espionage*. London: Collins & Brown 1992
Wilde, Oscar: *Salome*. Nachdichtung von Gerhard Rühm. Frankfurt a. M.: Verlag der Autoren 1983
Wolf, Naomi: *Der Mythos Schönheit*. Reinbek bei Hamburg: Rowohlt 1991
Wollstonecraft, Mary: *Eine Verteidigung der Rechte der Frau*. Leipzig: Verlag für die Frau 1989
Yalom, Marilyn: *A History of the Wife*. New York: HarperCollins 2001
dies.: *Eine Geschichte der Brust*, übers. von Olga Rinne. München [u. a.]: Econ / Marion von Schröder 1998
Zetkin, Clara: *Zur Geschichte der proletarischen Frauenbewegung*. Berlin: Dietz 1958
Zolotow, Maurice: *Marilyn Monroe*. New York: Harcourt Brace 1960
ders.: *Marilyn Monroe. Eine Biographie*, übers. von Eva Zahn. Stuttgart: Günther 1962
Zukor, Adolph (mit Dale Kramer): *The Public Is Never Wrong*. New York: Putnam 1953.

Bildnachweis

II Marilyn Monroe. Everett Collection. **VI** Everett Collection. **5** Amsterdam, Van Gogh Museum (Vincent van Gogh Foundation). **6** Kunsthistorisches Museum, Wien / Bridgeman Art Library. **9** Farblithografie. Bibliothèque des Arts Décoratifs, Paris / Archives Charmet / Bridgeman Art Library. **12** Informationen zu Rowena s. <www.rowenaart.com>. **14** Atkinson Art Gallery, Southport, Lancashire, UK. **18** Malterer-Teppich *Weiberlisten* (Detail), 14. Jh., Augustinermuseum, Freiburg im Breisgau. **20–21** Sixtinische Kapelle (1508–1512). Deckenfresko (restauriert). Vatikanische Museen, Rom / Bridgeman Art Library. **23** Informationen zu Greg Hildebrandt s. <www.spiderwebart.com>. **24** Öl auf Mahagoni. Wallace Collection, London / Bridgeman Art Library. **26** Informationen zu Boris Vallejo u. Julie Bell s. <www.borisjulie.com>. **31** Farblithografie. Illustration zu den *Äsopischen Fabeln*, 1912. Privatsammlung / Bridgeman Art Library. **33** Félicien-Rops-Museum, Namur, Belgien Foto von Luc Schrobiltgen, Brüssel. **34–35** Öl auf Leinwand, 100,0 x 201,7 cm. Ankauf 1891. National Gallery of Victoria, Melbourne. **36** Frederic Leighton (1830–1896): *The Fisherman and the Syren: From a Ballad by Goethe*, um 1856–1858 (Ausschnitt). Bristol City Museum and Art Gallery, UK / Bridgeman Art Library. **38** Bronzeskulptur. Loggia dei Lanzi, Florenz / Lauros / Giraudon / Bridgeman Art Library. **40** Öl auf Leinwand. Victoria Art Gallery, Bath and North East Somerset Council, UK / Bridgeman Art Library. **43** Öl auf Leinwand. Dahesh Museum of Art, New York / Bridgeman Art Library. **44–45** Öl auf Leinwand. Louvre, Paris / Bridgeman Art Library. **47** Stich. Privatsammlung / Ken Welsh / Bridgeman Art Library. **50** *Cleopatra* © 1917 Twentieth Century Fox. Alle Rechte vorbehalten. / Everett Collection. **53** Lucas Cranach d. Ä. (1472–1553): *Herkules und Omphale*, 1537 (Detail). Herzog-Anton-Ulrich-Museum – Kunstmuseum des Landes Niedersachsen, Braunschweig. Museumsfoto B. P. Keiser. **55** Everett Collection. **56** Öl auf Leinwand. Wallraf-Richartz-Museum, Köln / Bridgeman Art Library. **59** Emaille auf Kupfer. Wallace Collection, London / Bridgeman Art Library. **65** Handkolorierte Radierung, veröffentlicht von Hannah Humphrey. Mit frdl. Genehmigung der Fakultät des New College, Oxford / Bridgeman Art Library. **66** Julia Margaret Cameron (1815–1879): *Vivien and Merlin*, um 1870. In: *Illustrations to Tennyson's »The Idylls of the King«*. Abdruck mit frdl. Genehmigung des Fotografen und des George Eastman House, Rochester, USA. **69** Münchner Stadtmuseum, München. **70** Library of Congress, Washington, DC, lc-usz62-108416. **72** Library of Congress, Washington, DC, lc-usz62-112186. **74** Foto: Roger-Viollet / Privatsammlung / Bridgeman Art Library. **77** Abdruck in: Olmer: *Salon de 1886*. **79** Illustration zu Wilde: *Salome*. **82** Foto: akg London. Paul-Albert Rouffio (1885–1911): *Samson et Dalilah*, 1894. Musée des Beaux-Arts, Marseille / Archiv für Kunst. **87** Postkarte. Privatsammlung / Bridgeman Art Library. **92** Öl auf Leinwand. Leeds City Art Gallery, UK / Bridgeman Art Library. **96** Everett Collection. **97** Everett Collection. **98** Everett Collection. **101** John Singer Sargent (1856–1925): *Lady Agnew of Lochnaw*, o. J. (Ausschnitt). Öl auf Leinwand. National Gallery of Scotland, Edinburgh / Bridgeman Art Library. **103** Everett Collection. **104** Everett Collection. **108** Everett Collection. **110** Clara Bow in: *Hoopla*, 1933. Everett Collection. **113** Everett Collection. **114** Everett Collection. **116** Imperial War Museum, London. **119** Everett Collection. **121** Charles Ricketts (1866–1931): *Oedipus and the Sphinx*, 1891 (Ausschnitt). Tullie House Museum and Art Gallery, Carlisle, UK. **124** Everett Collection. **126** Everett Collection. **129** Everett Collection. **130** Brigitte Bardot in: *Und immer lockt das Weib*, 1956. Everett Collection. **133** Everett Collection. **134** Dominique Swain in: *Lolita*, 1997. Everett Collection. **138** Everett Collection. **141** Everett Collection. **144** Pierce Brosnan u. Sophie Marceau in: *Die Welt ist nicht genug*, 1999. Everett Collection. **146** Everett Collection. **153** Everett Collection. **155** Jessica Walter in: *Play Misty for Me*, 1971. Everett Collection. **156** Everett Collection. **161** Everett Collection. **165** Everett Collection. **167** Everett Collection. **168** AFP Photo/Timothy A. Clary.

Register

Die **fett gedruckten** Ziffern beziehen sich auf Bildlegenden.